Principles of Accounting

최신 회계원리의 이해

강재구 저

Korea-International Financial Reporting Standards

K-IFRS

백산출판사

머리말

동방 아틀리에에서 책과 커피 한 잔, 그리고 창문 밖 구름 나그네는 솜사탕 같은 표정으로 바람 따라 구름 따라 스쳐가는구나! 아~ 오늘 구름 사이로 한 번쯤 하늘을 보자. 그리운 구름 나그네야!

오늘날 기업에서 회계가 왜 필요하며 어떻게 응용되고 있는가를 깨달을 수 있도록 안목을 갖추기 위해 노력해야 한다. 일반 경영학, 경제학, 회계학을 전공하는 학생은 물론 호텔경영학, 관광경영학 및 외식산업경영학과 같은 특수 분야의 경영학을 전공하는 학생일지라도 회계정보에 대해 이해하는 것이 중요하다. 회계정보를 이용하여 간단한 업무에 관한 의사결정을 내릴 수 있어야 사회에 진출하여 합리적인 경제활동을 해나갈 수 있기 때문이다.

회계는 경영자나 자본주를 비롯한 이해관계자 모두에게 정보를 제공하여 의사결정을 할 수 있도록 하는 데 도움이 되는 학문이다.

회계

- 셈, 기록, 계산, 정리 정보 제공
- 기업의 거래 : 기록, 계산 정리, 재무제표 작성, 내/외부 이용자에게 정보 제공

- 목적 : 재무상태, 경영성과 - 회계정보 제공
- 회계의 구성요소(5그룹)
  1. 재무상태요소 : 자산, 부채, 자본
  2. 손익계산서(포괄계산서) : 수익, 비용, 회계 등식
  3. 재무상태표 등식
  4. 자본 등식
  5. 손익계산서 등식

위와 같은 회계등식을 이해해야 한다.

우리 사회에서 경제활동은 기업・국가・학교 등 일정한 사회조직을 통하여 이루어지는데, 이들 사회조직에는 이해관계를 가지는 개인이나 조직이 존재한다. 이들 이해관계자들은 자기 이익을 보호하기 위한 의사결정을 해야 하며, 합리적인 의사결정을 위해서는 의사결정의 결과가 자기 이익에 어떠한 영향을 미칠 것인지를 알아야 한다. 이 결과에 영향을 미치는 요인 중에서 전제되는 실체와 관련된 현상이 매우 중요한 부분이 될 수 있으며, 회계는 이러한 현상을 화폐액으로 나타내주는 것이라 할 수 있다.

회계는 기업이나 회사에서 발생하는 모든 경제활동을 기록하고 기업주나 회사 이해관계자들이 모두 참고하여 합리적인 판단과 의사결정을 하는 데 큰 영향을 끼친다. 이러한 회계를 처음으로 접할 수 있는 경영학과, 경제학과, 회계학과 등에서는 여러 회계과목을 개설하고 있는데, 이 중 가장 기본적인 내용을 배우는 과목이 회계원리이다. 이 과목에선 회계의 기본적인 정의와 거래가 일어났을 때 기재하는 장부나 결산 같은 내용을 가장 표준적으로 배우게 된다.

회계과목이 경영진과 교수님들에게는 중요한 과목으로 생각되고 있지만 학생들에게는 이해하기 힘들고 지루한 과목으로 인식되고 있다. 따라서 좀 더 친근하고 성공적인 자산관리 회계 그리고 생활 속에서 겪게 되는 쉬운 회

계가 되어야 하며, 경영진과 교수 그리고 학생 등 우리 모두가 회계 원리를 이해하고 가까이할 수 있어야 한다.

성공적인 자산관리

① 자산설계가 무엇인지 알아야 한다(재테크와 차별화 전략, 효율적 관리).

② 올바른 투자의 개념과 필요성을 알아야 한다(수익을 노리고 주먹구구식 투자, 독자설계 필요).

③ 자산설계의 원칙을 알아야 한다(자산의 원칙준수, 돈으로부터의 자유).

④ 라이프 사이클에 따라 자산관리를 해야 한다(자산을 관리할 때 능동적 대치, 장부기록 중요).

이에 본서에서 특히 강조하고자 하는 것은 회계원리 과목에서의 실습을 목적으로 하는 기업현장을 직간접적으로 체험할 수 있는 회계의 대중적 활성화이다.

본서는 기업특성과 회계환경에 적합한 독자적인 회계이론 및 실무를 개발하여 이론적으로 체계화하고, 금융관계에 관한 이해를 돕고자 금융용어를 실었으며, 회계실무자에게도 합리적인 회계 지침서를 제공할 수 있는 기업회계제도를 마련함으로써 기업 회계처리의 합리성과 통일성을 기할 수 있도록 하였다. 기업회계를 이해하고 실무를 반복하는 것만이 가장 효과적인 학습방법이라 믿으며 독자 여러분의 앞날에 영광이 있기를 기원하는 바이다.

동방 아틀리에에서

강 재 구

차 례

제1부 회계는 기록, 계산, 정리이다

제2부 회계는 이해관계자에게 정보를 제공한다

제3부 회계를 알면 경제가 보인다

제 1 부

회계는 기록, 계산, 정리이다

제1장 회계의 역사와 정의

제1절 회계의 역사와 개념

1. 회계의 이론과 기원

회계는 인간의 문명과 더불어 발달하여 왔다. 인류가 회계기록을 행한 사실은 고대 바빌로니아와 이집트 · 그리스 및 로마시대 등에서 찾을 수 있다. 고대 바빌로니아인이 상거래의 회계기록을 이해하고 있었음은 BC 2285~2242년의 함무라비왕이 기초한 함무라비법전에서 찾을 수 있다. 상업기록으로는 노예, 우마, 토지, 금전 등의 매매 내지 대여기록 등이 있다.

고대 이집트에서는 BC 3000년경부터 왕실의 재정을 상세하게 기술하였다. 이때의 기록관은 매우 높은 관직으로 인정되었고, 그의 최고의 직무는 세입세출에 관한 국고를 기록하는 것이었다. 당시의 금, 은, 동 등은 화폐로써의 충분한 가치로 인정받지 못했으며, 물물교환에 따르는 물량기록이 더욱 일반적이었다. 이집트인이 회계를 행한 사실은 BC 2000년의 헤프제피계약이나 BC 400년경의 텝튜니스 고문서를 통해 알 수 있으며, BC 2~1세기의 맥주 판매업자와 기와 제조업자의 계산서에 의해서도 추측할 수 있다. BC 3000년경

아테네에서는 재정의 기록을 아포덱타애라고 하는 열 사람의 관리가 담당하고 화폐의 수지기록이나 채권·채무를 기록했으며, 로지스타애 또는 유스노이라고 하는 회계검시관이 회계서류를 감사하였다. 또한 은행회계로는 트라페치타애라는 은행가가 중심이 되어 환·대출·예금업무를 처리하기 위해 비망록을 거쳐 원장에 이기하였으며 당좌출납장도 변용된 회계장부제도를 가졌었다는 기록이 있다. BC 6세기경부터 원로원 아래 재무관 및 호구조사관이 5년마다 실시한 센서스는 로마회계의 출발점이 되었다. 특히 센서스는 과세부담의 공평을 기하자는 것이었으며, 토지, 동산, 채권이 과세대상이 되었다. 이를 위해 상세한 회계기록이 필요했고, 현금수지나 재산일람표가 작성되었다.

1) 송도부기의 역사

송도부기는 한국 고유의 전통 복식부기 시스템이다. 주로 송도상인들이 많이 사용하는 기장방법이었기 때문에 '송도부기'라는 이름이 부여되었을 뿐, 실제로는 관청과 민간 전반에 걸쳐 사용되었다.

송도부기의 시원은 아직 밝혀진 바가 없다. 고려왕조(918~1392) 때부터 있었다고도 하나, 아직 그 문서적 증거는 발견된 바가 없다. 현재는 주로 개항(1876) 이후의 송도부기 문서만 발견되고 있다. 하지만 개항하자마자 서양부기를 개량한 송도부기를 사용할 수는 없었으므로, 송도부기의 시원이 개항 훨씬 이전이라는 것은 확실하다. 다만 그 최초의 것이 발견되고 있지 않을 뿐이다.

우리나라에서는 12세기경, 즉 고려시대 중기부터 당시 전국의 상권을 장악했던 개성 상인들을 중심으로 '사개 송도 치부법'이라는 독창적인 부기법(흔히 '송도부기'라고 함)이 사용되었는데 이것은 서양의 복식부기와 그 근본원리에 있어서 일치하고 있을 뿐만 아니라 그 이론상이나 실무상으로 조금도 손색이 없는 것으로 밝혀졌다. 이것은 조선시대 말기까지 사용되었으나 일제의 침입과 함께 서양의 복식부기가 도입되어 구시대의 유물이 되어버렸다. 개성부기의 장부는 아니지만 개개 기업에 따라 약간의 변화가 있을 수 있는 것을 종합적으로 요약하여 실무상의 최대공약수만을 뽑아내어 정리한 '현병주'의 저서 『사개 송도 치부법』이 발견됨에 따라 우리나라 복식부기의 생성과 발전에 귀중한 자료가 되고 있다.

2) 사개 송도 치부법

사개는 거래 내용을 기록하는 데 꼭 필요한 4가지, 즉 주는 사람, 받는 사람, 주는 것, 받는 것을 가리킨다. 사용되는 장부로는 일기(日記)와 장책(帳冊) 및 기타 각종 보조부가 있다. 거래가 발생하면 먼저 일기에 기입하는데, 모든 거래는 사람과 사람이 주고받는 것으로 그 사람의 이름이나 상호를 써서 서술적으로 기록한다. 다음에는 장책에 거래처마다 별도의 계좌를 만들어 기입한다. 이러한 치부법은 개성 상인들 사이에 비밀로 전수·발전되어 그 기원에 대하여 정확하게 고증할 수는 없으나, 고려의 전성기(11~13세기 초)에 생겨난 것으로 추측된다. 고려시대에 복식 부기가 발생할 수 있는 요인으로는 상업의 발달, 특히 송나라·아라비아 상인들과의 국제무역, 화폐의 유통, 신용, 위임 등의 사회·경제 조건 외에 서법과 산술 등도 충분히 발달되어 있었던 점을 들 수 있다.

사개치부법의 장부조직에는 주요부로서 일기장과 장편이 있었다. 원래 간단한 거래의 기록은 일기장으로 충분하였으나, 거래의 상대자가 많아지고 대량으로 복잡해지면, 자연히 거래 상대자별 기록이 별도로 필요하게 되었으며, 그래서 일기장에서 전기된 장편이 생겨나고 그것은 거래 상대자별로 계정기록이 되었다.

2. 산업혁명과 회계의 발달

산업혁명은 18세기 말부터 19세기 중엽에 걸친 기술혁신에 따른 변혁으로 영국에서 시작되어 프랑스·독일·미국으로 전파되었으며, 19세기와 20세기 초의 영국과 미국에서의 획기적인 공업기술의 발달은 회계환경을 크게 변화시켰고 회계영역도 크게 확대시켜 회계이론이나 실무기법을 심화시켰다. 그 중요사항은 기술의 발달과 제조공업의 확대로 제품의 정확한 원가계산이 매우 필요하게 되었으며, 그로 인하여 재고자산의 평가문제, 제조간접비의 예정·배부, 노무비의 세부적 파악 등 일련의 원가계산방법이 발달되었으며, 계상된 원가액은 제품가격의 결정수단으로 활용되었다.

감가상각에 관한 회계적 사고 역시 산업혁명 이전에는 별로 중요시되지 않았었다. 그 이유는 당시 대부분의 기업이 소규모이므로 고정자산에 대해 별로 중요하게 여기지 않아 감가상각비를 감안한 정확한 손익계산의 필요성을 느끼지 못했기 때문이다. 그러나 20세기 초에는 자산의 정확한 평가, 원가계산의 정확성, 나아가서 기간손익의 정확성을 기하기 위해 취득원가를 기준으로 감가상각의 계상은 자산평가나 손익 및 원가계산에서 매우 중요시되었다.

3. 회계의 정의

회계란 기업 경영에 있어 그 기업이 소유하는 현금, 상품 등의 각종 재화의 증가, 감소, 채권, 채무 및 자본의 증감 변화를 일정한 원리원칙에 따라 조직적으로 기록, 계산, 정리하여 그 원인과 결과를 명백히 밝히는 것을 말한다.

1941년 미국공인회계사회(AICPA)가 발표한 회계용어공보(ATB : Accounting Terminology Bulletin) NO.1에 수록되어 있는 회계에 관한 정의는 다음과 같다.

1. 회계는 재무적 성격의 거래나 사상을 화폐액에 의하여 의미있는 방법으로 기록, 분류, 요약(기록, 계산, 정리)하고 그 결과를 해석하는 기술(실

무능력)이다. 이 정의에서는 회계를 과학으로 보지 않고 기술(사무능력 실무)로 보아 실무와 관련된 학문으로 인식하였다.

2. 회계란 정보이용자가 적절한 판단과 의사결정을 할 수 있도록 경제적 정보를 식별, 측정, 전달하는 과정이다.
3. 회계는 서비스 활동이다. 그 기능은 여러 대체적 방법 중 합리적 선택을 할 경우 경제적 의사결정에 유용할 수 있도록 경제적 실체에 관해 주로 재무적인 양적 정보를 제공하는 것이다.

이 정의도 회계를 정보 중심으로 인식하였다.

특히 회계는 기업회계 결과를 정확히 표시하여 일정기간의 경영 성적과 일시점의 재무상태를 알아보는 조직적 회계방법이다.

회계는 이해관계자에게 정보를 제공하고, 자산, 부채, 자본의 증감변화를 기록, 계산, 정리하는 것을 말하며, 정보이용자에게 그들의 의사결정을 위한 경영활동의 결과를 기록·요약하여 전달하는 의사결정 정보시스템이라고 할 수 있다.

주변 이해관계자의 예로 내부관계자(경영자, 종업원 등)와 외부관계자(협력업체, 은행, 자금대여자 등)를 들 수 있다. 기업의 경영활동에서 일어나는 각종 재산의 증감 변동 사실과 그 원인을 일정한 원리, 원칙에 따라 기록, 계산, 정리하여 기업의 회계정보이용자들에게 전달하는 과정이다.

회계도 몇 가지 중요한 변화가 있다.

K-IFRS가 적용되면서 회계정보이용자 입장에서 고려해야 할 몇 가지 사항을 알고 있어야 한다.

첫째, K-IFRS에서는 재무제표를 자회사와 연결하여 포괄적으로 간략히 표시하도록 하였고 주석에 보다 많은 정보가 담기게 되었다. 따라서 주석의 기능이 중요해졌다.

둘째, 회계정보가 포괄적으로 표시되어 많은 계정이름들이 바뀌었다. 그래서 재무제표분석과 같은 분야들은 좀 더 면밀히 검토하여 수정해야 할 필요가 있다.

셋째, 각 보고서별로 제시되었던 작성기준이 공통적인 재무제표 작성기준으로 마련되었다. 이에 작성기준이 명료해지고 개념들 간의 충돌이 해소되었다.

이는 회계에 대한 좀 더 체계적인 이해와 기업경영을 바라보는 폭넓은 안목, 그리고 기업경영에 대한 정확한 관점을 갖도록 하기 위함이다.

회계란

① 기업의 언어

② 정보시스템

③ 서비스 활동

[회계 정보의 활용과 의사결정분야]

기업이 설립되면

① 투자자 : 투자 목적에 적합한 정보가 필요하다.

예 돈을 투자한 사람

② 금융기관 : 기업에 자금 대여를 결정할 때 필요한 정보이다.

예 채권자

③ 기업 경영자 : 경영의사 결정에 필요한 정보이다.

예 사장, 종업원

④ 세무당국 : 적정한 과세소득의 산정에 필요한 정보이다.

예 세무서

즉 일정시점의 기업의 재무상태와 일정기간의 기업의 경영성과 등을 파악하여 기업 이해관계자들의 의사결정에 유용한 정보를 제공함을 목적으로 한다.

기업의 영업활동과 이해관계자에게 그들이 필요로 하는 정보를 제공하는 것이다. 기업회계란 기업정보이용자가 의사결정을 내릴 때 유용한 정보를 제공하기 위하여 경제적 사건을 식별, 측정, 분류, 요약, 전달하는 과정으로서 회계 주체를 기업으로 한 것이다.

1) 회계의 목적, 유용성

① 기업의 재무상태와 경영성과를 파악한다.
② 경영자에게 경영방침과 경영계획을 세우는 자료를 제공한다.
③ 채권자 및 투자자들에게 경제적 판단을 할 수 있는 회계정보를 제공한다.
④ 정부에 과세의 기초자료를 제공한다.

(1) 주목적

① 포괄손익계산서를 작성하여 일정기간의 경영성적인 순손익을 계산한다.
② 재무상태표를 작성하여 일정 시점의 재무상태를 파악하여 기업의 재산을 정확히 밝힌다.

(2) 부목적

① 경영자에게 경영방침을 수립하는 데 중요한 자료 제공
② 기업의 이해관계자에게 기업활동의 정보 제공
③ 과세에 대한 자료 제공

(3) 회계이용자

① 외부이용자 : 주주, 투자자, 금융기관, 채권자, 공급업자, 정부, 소비자, 종업원, 노동조합 등
② 내부이용자 : 경영자

가. 회계와 부기

① 회계 : 회계는 부기를 포함하는 것으로, 부기보다 광범위한 의미이다. 즉 정보이용자에게 그들의 의사결정을 위한 경영활동의 결과를 기록·요약하여 전달하는 의사결정 정보시스템이라 할 수 있다.

② 부기 : 원래는 장부 기입의 약칭으로 거래를 일정한 원리에 따라 자산, 부채, 자본, 수입, 비용으로 기록 계산하여 그 증감 변화를 추적한다.

나. 회계의 유용성

① 재무회계의 기초가 된다.

- 외부 이해관계자에 대한 외부보고를 수행

② 관리회계의 기초가 된다.

- 내부 이해관계자가 회계에 의해 효과적, 효율적 경영을 추구할 수 있다.

③ 사회적 차원에서 경제적 실체의 사회적 역할과 책임을 평가하는 데 이용

2) 사회적 자원의 배분과 수탁 책임

(1) 사회적 자원의 최적 배분

① 개인수준 : 정보 이용자는 경제적 의사결정을 하는 데 있어 위험과 이익을 비교 평가하여 최선의 대체안을 선택하는 데 회계정보 이용

② 기업수준 : 관리회계와 관련, 경영계획의 수립과 경영통제의 촉진을 위하여 회계정보를 관리적으로 이용

③ 사회수준 : 국가의 경제적 자원을 최적 배분하려 함

(2) 수탁 책임

① 경영자가 주주, 투자자, 채권자 등 이해관계자의 위임에 따라 기업의 자원을 효과적으로 관리 경영할 책임

② 수탁 책임의 기능·경영자가 이해관계자, 특히 소유주의 위임을 받아

기업의 재산을 관리 보고하는 기능

4. 회계의 의의

회계(accounting)란 용어는 우리말로 셈을 뜻한다. 따라서 돈을 계산하는 것이다. 회계란 '셈한다' 또는 '계산한다'는 말로 나타낼 수 있다. 이때 셈의 대상, 즉 기업회계의 대상은 회계주체의 경제적 활동이다. 경제적 활동은 통상 재무적 사건 또는 거래라고도 하며, 이는 회계주체(기업)의 경제가치의 크기 및 그 구성내용의 상태에 변화를 야기하는 경제현상이다. 따라서 전통적인 회계의 의의는 '기업의 경제적 활동을 화폐단위에 의하여 기록・분류・요약하여 그 결과를 일정한 형식(예 손익계산서와 재무상태표 등 재무제표)으로 보고하는 기술'로 파악하고 있다.

회계에 대한 보다 현대적인 정의는 1966년에 미국회계학회가 발표한 "기초적 회계이론에 관한 보고서(A Statement of Basic Accounting Theory : ASOBAT)"에서 제시한 견해이다. ASOBAT는 회계를 "정보이용자가 합리적 판단이나 경제적 의사결정을 하는 데 필요한 경제적 정보를 식별・측정・전달하는 과정"으로 정의하고 있다. 즉 회계를 기업의 재무적 상태와 변화 등에 대한 정보를 정보이용자(information users)들에게 제공하여 의사결정의 유용성을 제고시키는 정보시스템(information system)으로 파악하는 것이다.

기업회계의 의의도 일반적인 회계의 의의와 다를 바 없으며, 다만 회계주체를 기업으로 한정한 회계영역일 뿐이며, 기업의 경제활동에서 생기는 경제적 가치의 상태와 그 변화 등을 측정하고 계산하게 된다. 그러므로 기업회계는 기업을 둘러싸고 있는 다수의 이해관계자에게 기업의 재무정보제공을 통하여 의사결정의 질을 높이고자 하는 정보의 유용성을 그 목적으로 한다.

경제실체의 활동에 대한 회계정보를 측정하고 기록하여 전달하는 과정으로서 정보이용자의 합리적인 의사결정에 유용하게 활용되는 정보를 제공하는 활동이다.

특히 기업의 경영활동에서 일어나는 계산과 자본의 증감 변화를 일정한 원리원칙에 의하여 조직적으로 기록, 계산, 정리하여 그 결과를 명백히 하는 방법을 회계라 한다.

회계는 기업의 언어라고 하며, 회계에 대한 지식 없이는 기업활동을 수행하거나 기업활동과 관련된 의사소통을 할 수가 없다. 그러므로 의사결정자에게 경제적 의사결정에 유용한 정보를 제공하는 것이다.

〈회계〉

① 셈, 기록, 계산, 정리 정보 제공

② 기업의 거래 : 기록, 계산 정리, 재무제표 작성, 내/외부 이용자에게 정보 제공

③ 목적 : 재무상태, 경영성과 - 회계정보 제공

④ 회계의 구성요소(5그룹)

- 재무상태요소 : 자산, 부채, 자본
- 손익계산서(포괄계산서) : 수익, 비용, 회계 등식
- 재무상태표 등식
- 자본 등식
- 손익계산서 등식

5. 회계정보와 기능

1) 회계정보

회계는 재산의 변동을 장부에 기록하여 기업이 소유한 재산상태의 회계정보를 산출하고 보고하는 시스템이다.

기업이 1년이나 6개월 동안 얼마나 많은 돈을 벌었는지에 대한 손익에 관

한 정보도 제공한다.

벌어들인 수익과 쓴 비용을 차감하여 순수하게 남은 순이익이 얼마인지를 알려주는 것이 손익에 관한 회계정보를 뜻한다.

기업의 재산상태와 손익에 관한 정보를 필요로 하는 기업이나 이해관계자들은 매우 많다.

회계정보를 필요로 하는 사람들은 고객, 은행, 거래처, 경영자, 정부와 유관기관, 정보중개인, 종업원, 투자자 등을 말한다.

회계정보의 이용자 구분

① 내부정보이용자 : 사장, 종업원, 관리자 등

② 외부정보이용자 : 투자자, 세무당국, 금융기관 등

회계의 종류와 정보이용자

회계의 종류	이용자와 의사결정
재무회계	투자자와 신용기관, 임직원 : 투자 및 신용의사결정, 임금협상
관리회계	경영자 : 미래투자계획, 원가분석
세무회계	정부 : 세금 계산 및 부과

2) 회계의 기능

회사가 가지고 있는 자산과 자본의 증감변화를 계정이란 특수형식에 의해서 기록・계산하는 방법을 말한다. 일반적으로 기업은 수입과 지출, 즉 재산의 변동사항을 장부를 통해서 기록한다. 장부에 기록하는 것을 부기 또는 경리라고도 하며 부기라는 말은 장부기록의 줄임말이다. 부기의 종류로는 단식부기와 복식부기가 있으며, 단기부기는 가계, 관청 등의 비영리 기록을 말하며, 복식부기는 기업의 영리를 목적으로 기록하는 장부를 말한다.

회계는 기업의 경영활동에 관한 경제적 정보를 식별・측정하여 회계정보이용자가 경제적 의사결정을 행하는 데 도움이 될 수 있도록 전달하는 것을 그 임무로 한다.

① 측정기능 : 기업의 재무상태와 경영성과에 관한 회계정보의 기초가 되는 자산, 자본, 부채, 수익, 비용 등을 공통의 화폐단위로 측정・파악하는 기능이다.

② 기술기능 : 계정과목과 금액에 의해 인식하고 측정된 정보를 기록, 계산, 정리, 분류, 집계하는 기능이다.

③ 해석기능 : 재무제표에 기술된 계수적 자료를 분석하고 경영활동을 그 계획과 실적을 비교・분석하여 판단하고 차기 이후의 경영방침을 결정하는 기능이다.

④ 전달기능 : 회계정보를 기업의 내부와 외부에 있는 이해관계자들에게 전달하는 기능이다.

⑤ 통제기능 : 회계자료의 정확성을 보증하고 회계상의 부정이나 오류, 불합리한 계산에 의해서 발생하는 리스크를 방지하여 자산의 보전을 이룩하고자 하는 기능이다.

3) 회계의 기본원리

① 손익계산서 등식

② K-IFRS(한국채택국제회계 기준) : 유럽

③ 회계에서의 거래구별 예 화재, 도난/주문, 계약

④ 거래의 요소 및 결합관계

⑤ 거래의 이중성 & 대차평균의 원리

⑥ 거래의 종류(교환/손익/혼합)

⑦ 재무상태표 계정(자산, 부채, 자본)

⑧ 손익계산서 계정(수익, 비용)

제2절 회계기준과 기능, 정보시스템

1. 회계기준

회계기준이란 회계처리를 할 때 기업이 지켜야 할 기준이다. 우리나라 회계기준은 한국회계기준원에서 제정하고 있으며 상장기업은 2011년부터 한국채택국제회계기준(K-IFRS)을 적용한다.

회계기준은 기업의 회계실무를 이끌고 나가는 지침이 된다. 일부 학설에 의하면 고구려시대부터 조선시대까지 교통의 요지로 상업이 번창하였던 개성 상인들 사이에는 그 이전부터 '사개 송도 치부법(송도부기, 개성부기)'이라는 우리나라 고유의 부기법이 시행되고 있었다는 주장이 있다. 하지만 이것은 특정 산업분야의 필요에 의해 부분적으로 시행되었다는 한계를 내포하고 있다. 우리나라는 구한말에 서양의 새로운 문물이 수입되면서 회계의 근간이 되는 서양의 복식부기가 본격적으로 도입되었다. 1958년 기업회계원칙과 재무제표규칙이 최초로 성문법화되면서 회계가 비로소 일반화된 사회적 제도로 정착되었다. 1970년대 후반부터 고도의 경제성장과 IMF 관리체제를 겪은 후, 능동적인 회계기준의 제정 및 개정의 필요성이 제기되어 한국회계기준원으로 위임되었다.

우리나라의 회계기준은 한국채택국제회계기준(또는 국제재무보고기준 Korean-International Financial Reporting Standards : K-IFRS)과 일반기업회계기준(K-GAAP)으로 이원화되어 있다.

회계기준을 제정하는 기구는 회계기준위원회이고 회계기준위원회(KASB : Korea Accounting Standard Board)는 한국회계기준원(KAI : Korea Accounting Institute)에 소속되어 있다. 한국채택국제회계기준(K-IFRS)의 성공적 정착을 위해서는 국내 회계교육시스템을 규정 중심교육에서 원칙 중심교육으로 개편해야 하며, 옛 한국회계기준(K-GAAP)이 구체적 규정과 실무지침을 일일이 열거하는 규정 중심이라면, IFRS는 기업의 판단과 선택권을 중시하는 원칙 중심이라 할 수 있다. IFRS를 도입한 만큼 국내 회계교육도 전면적인 개편이 필요하다. K-IFRS는 2011년에 도입돼 국내 상장기업에 적용되고 있으며, IFRS 도입 후 회계교육 필요성은 높아졌지만 교육기관과 빈도, 커리큘럼 등은 크게 부족하다. 앞으로 당국이 회계기준원 등에서 교육기관을 한 곳 지정하고 체계적인 프로그램, 전문교재, 전문강사 개발 및 육성에 나서야 한다.

K-GAAP와 현행 K-IFRS 비교

K-GAAP	K-IFRS
규칙 중심	원칙 중심
구체적인 실무지침 제공	실무적용 지침부족
복잡한 경제에 유리	기업환경변화 대응 용이
해석의 자의성 줄임	해석의 자의성 증가
규정 및 지식전달 교육 중요	원칙이해 및 판단력 배양교육 필요

자료 : 한국회계기준원, 2014년.

〈회계감사〉

기업 외부의 공인회계사가 기업의 재무제표가 회계기준에 따랐는지를 검토한 감사의견을 표명함으로써 재무제표의 신뢰성 정도를 알도록 하는 것이다.

〈발생기준〉

현금의 유출입이 아니라 수익과 비용의 발생 여부를 기준으로 회계기록하는 것이다.

〈성공적인 자산관리〉

① 자산설계가 무엇인지 알아야 한다(재테크와 차별화 전략, 효율적 관리).

② 올바른 투자의 개념과 필요성을 알아야 한다(수익을 노리고 주먹구구

식 투자, 독자설계 필요).

③ 자산설계의 원칙을 알아야 한다(자산의 원칙준수, 돈으로부터의 자유).

④ 라이프 사이클에 따라 자산관리를 해야 한다(자산을 관리할 때 능동적 대치, 장부기록 중요).

2. 주식회사제도와 회계의 발달

회계는 그리스와 로마시대부터 사용했던 것으로 보이며, 14세기경 복식부기제도라는 회계개념을 회계학의 시발점으로 보고 있다.

최초로 완성된 복식부기제도는 1340년경 이탈리아 제노바의 중세상인들의 기록에서 찾아볼 수 있다. 당시에는 이탈리아 여러 도시를 중심으로 상업무역이 부흥하고, 회계 관련 기록방법도 발전하여 오늘날에도 사용하는 회계의 중요 개념들을 발견할 수 있다.

회계기준은 20세기 초 미국에서 처음 제정된 후 미국을 중심으로 회계학이 본격적으로 발전하는 토대를 마련하였다.

우리나라의 경우 회계는 1910년 이후 학교교육을 통해서 서양부기가 보급되었고, 그 후 1970년대 후반부터 고도 경제성장과 기업회계기준과 관련된 주관업무가 금융감독위원회에서 한국회계기준원으로 위임되었다.

회계정보에 대한 대외적 신뢰성을 제고하고 국제화 추세에 능동적으로 대처하기 위해 국제회계기준을 한국채택국제회계기준(K-IFRS)으로 도입하여 2011년부터 모든 상장기업이 의무적으로 사용하게 하였으며 비상장기업은 2009년 12월 30일에 공표된 일반기업회계기준을 적용하도록 하고 있다.

일반적으로 인정된 회계원칙 K-IFRS, 일반기업회계기준, 특수분야회계기준들의 번호체계는 다음과 같이 운영되고 있다.

① K-IFRS : 1001~1099(IAS), 1101~1999(IFRS)

② 일반기업회계기준 : 3001~3999

③ 특수분야회계기준 : 5001~5999

20세기 초 주식회사가 발달함에 따라 근대 회계이론에 영향을 미친 사실은 특기할 만하다. 주식회사의 출현과 발전은 투자가들에게는 무기한으로 자본을 투자할 수 있는 대상을 찾게 하였고, 또 기업에서도 공업의 기계와 공장제도 내지 대량생산의 전제가 되는 자본수요를 투자가로부터 조달할 수 있게 되어 기업을 계속적인 존재로 이해하는, 소위 계속기업의 개념이 싹트기 시작했다. 이와 같이 기업의 계속성에 수반하여 회계기간의 단축 및 정기화, 납입자본의 유지, 자본적 지출과 수익적 지출의 구별, 기간적 회계보고서 작성 의무화, 손익계산의 정확성과 배당이익의 산출기준, 손익측정의 발생주의 및 실현주의, 자산평가의 보수주의 및 충당금 내지 적립금 등 일련의 회계이론과 기법의 발달 및 세무와 법률규제 등을 야기했다.

회계주체이론은 자본주의 입장에서 이루어진다고 주장되는 자본주이론으로부터 기업실체의 입장에서 회계가 이루어진다는 기업실체이론으로 발전되었다. 이러한 이론적 기저에는 법인체로서의 주식회사의 발달에 크게 자극을 받았던 것이 있다.

주식회사 형태의 기업발달은 자본의 거대화와 부재소유주로서의 주주 수의 증대를 촉진하였다. 기업은 이들 부재주주를 비롯한 채권자, 종업원, 소비대중, 국가공공기관, 기타 일반으로 형성되는 소위 이해자집단에 대한 이해조정책임과 그 밖에 여러 가지 사회적 책임을 무시할 수 없게 되었다. 그리하여 기업은 일정기간의 재무상태와 경영성과를 재무제표라는 수단에 의해 정규적으로 공시할 필요성을 느끼게 되었고, 나아가서는 국가로서도 이를 법제화하기에 이르렀다. 이와 같은 보고제도는 20세기 초 주식회사의 합병과 지주회사제도가 성행함에 따라 연결재무제표의 작성으로 보다 상세한 회계정보를 제공하기에 이르렀다.

학습용어

1. 회계이론과 기원 : 회계기록을 행한 사실은 고대 바빌로니아와 이집트 · 그리스 및 로마시대 등에서 찾을 수 있다.
2. 사개 송도 치부법 : 사개는 거래 내용을 기록하는 데 꼭 필요한 4가지, 즉 주는 사람, 받는 사람, 주는 것, 받는 것을 가리킨다.
3. 송도부기의 역사 : 송도부기는 한국 고유의 전통 복식부기 시스템이다.
4. 회계(accounting)란 용어는 우리말로 셈을 뜻한다. 따라서 돈을 계산하는 것이다. 회계란 '셈한다' 또는 '계산한다'는 말로 나타낼 수 있다.
5. 회계기준이란 회계처리를 할 때 기업이 지켜야 할 기준이다.

학습토론

1. 기업의 정의와 특성을 설명하시오.

2. 우리나라 회계역사를 설명하시오.

3. 사개 송도 치부법을 설명하시오.

4. 회계의 역사를 설명하시오.

5. 한국채택국제회계기준을 설명하시오.

6. 사업이란?

제2장 기업의 경영개념과 이해

제1절 회계의 종류와 분류

1. 회계의 분류와 이용자

1) 회계의 설립과 분류

돈을 계산하는 것이다.

예 용돈 기입장, 가계부

회계 = 돈 계산 = 정보제공

기업의 영업활동과 이해관계자에게 그들이 필요로 하는 정보를 제공하는 것이다.

(1) 회계정보의 활용과 의사결정분야

기업이란 재화와 용역을 생산하여, 이를 필요로 하는 사람들에게 분배하는 과정을 반복적으로 수행하는 조직이라 할 수 있다. 생산요소에는 자연적 자원, 인간의 노동력, 자본 및 기업가가 있다. 전통적으로 기업의 생산요소로 자연적 자원, 노동력, 자본을 일컬어왔다.

오늘날 기업의 경영환경 변화와 기술발전은 혁신적인 대응전략을 요구하고 있다.

기업은 생산, 분배과정을 지속적으로 반복하며, 이익의 창출을 가장 우선적인 목적으로 삼게 되고, 생산요소들을 가지고 재화와 용역을 생산하여 이를 필요로 하는 사람들에게 분배하는 과정을 반복적으로 수행하는 조직이다.

〈기업을 알자〉

① 기업은 이익의 극대화를 추구하는 조직체이다.

② 기업은 경제적 특성을 지니고 있다.

③ 기업은 사회적 특성이 있다.

④ 기업은 기술적 특성을 갖고 있다.

⑤ 한 나라의 경제는 가계, 기업, 정부라는 세 개의 경제단위로 이루어져 있다.

〈기업이 설립되면〉

① 투자자 : 투자 목적에 적합한 정보가 필요하다.

　예 돈을 투자한 사람

② 금융기관 : 기업에 자금 대여를 결정할 때 정보가 필요하다.

　예 채권자

③ 기업 경영자 : 경영 의사결정에 정보가 필요하다.

　예 사장, 종업원

④ 세무당국 : 적정한 과세소득의 산정에 정보가 필요하다.

　예 세무서

* 회계정보가 필요하다.

〈기업의 종류〉

1. 개인기업 : 이는 개인 혼자서 자본의 전액을 출자하고, 직접 경영하고, 손실에 대해 무한책임을 지는 형태이다.

2. 소수공동기업

출자자의 수가 일부 소수로 국한되어 설립・운영한다.

① 합명회사 : 2명 이상의 출자자가 공동으로 출자하여 설립하고, 기업의 채무에 대하여 전원 무한책임을 지는 기업형태이다.

② 합자회사 : 출자자가 유한책임사원과 무한책임사원으로 구성되어 있다. 경영은 무한책임을 지는 출자자가 담당하고, 유한책임을 지는 출자자는 이익의 분배만을 받는다.

③ 유한회사 : 출자자가 50인 이하의 유한책임사원만으로 구성되는 소규모 기업형태이다. 출자자는 유한책임도 갖는다.

④ 조합 : 2명 이상, 공동사업을 경영할 것을 약정한다. 조합원은 무한책임을 지고, 과반수의 찬성으로 결정한다.

3. 주식회사(다수공동기업)

자본을 조달하는 것을 목적으로 하며, 주식회사는 오늘날 대부분의 기업형태로 자리 잡고 있기 때문에 경영학에서의 주된 연구대상이 되고 있다. 따라서 교과목에서 말하는 기업이란 주식회사를 의미한다.

① 자본이 증권으로

주식회사의 자본이 유가증권, 즉 주식으로 구성되었다. 주식 매매가 자유롭다. 그리고 일반대중으로부터 대규모의 자본을 조달할 수 있다.

② 유한책임만을 진다

회사가 파산하였을 경우, 본인이 가지고 있는 주식 즉 출자금의 한도 내에서만 책임을 지는 제도이다. 투자자들은 자신의 능력범위 내에서 주식을 안심하고 사고팔 수 있는 것이다.

③ 소유와 경영이 분리

주주들은 주주총회에서 전문경영인을 선임하여 회사의 경영을 위임한다. 전문인은 이익을 위해 자신의 경영능력을 발휘하게 되며, 순이익이나 배당금과 같은 회계정보는 물론 정기적인 보고와 같은 회계절차의 필요성이 강조되고 있다.

4. 경영이란

조직의 사명이나 목적을 효과적으로 달성하기 위하여 여러 자원들을 효율적으로 활용하는 일련의 과정을 말하며, 이러한 의미에서 경영의 개념을 좀 더 구체적으로 정의하면 조직의 방향을 제시하고 리더십을 통하여 조직의 여러 자원들을 어떻게 활용할 것인가를 결정하는 것이라고 할 수 있다.

① 조직의 기능

조직의 목적을 달성하기 위해 필요한 인력과 자원을 적절하게 배치하는 것을 말한다.

- 의사소통기능 : 개인이나 집단 간에 직무를 원활하게 수행하기 위해 필요한 소통기능이다.
- 동기유발기능 : 사기를 높여주고, 갈등을 해결해 주면서 조직의 문화를 형성해 나가기 위해 필요한 기능이다.
- 통제기능 : 조직의 목적이 잘 수행되고 있는가를 확인해 나가는 과정을 의미한다.

5. 기업활동

기업이 자금을 조달하고, 조달한 자금을 이용하여 투자하고, 재화와 용역을 생산, 판매하는 영업활동을 전개하는 일련의 활동들을 기업의 경영활동이라고 한다.

① 재무활동

기업이 필요한 자금을 조달하는 활동이다.

② 영업활동

기업 본래의 목적을 달성하기 위하여 수행하는 여러 가지 활동들을 뜻한다. 영업활동은 이윤을 얻기 위한 각종 활동을 뜻한다.

③ 투자활동

영업활동을 수행하기 위해 필요한 자원을 취득하거나 처분하는 활동을 말한다. 기업의 조달된 자금을 활용한다.

(2) 회계정보의 이용자 구분

회계정보의 이용자는 기업 내부에도 있어서, 내부정보이용자와 외부정보이용자로 구분된다. 내부정보이용자는 다음 달에 차입금을 상환해야 하는데 그때까지 상환에 필요한 자금을 마련할 수 있는지, 종업원의 월급을 10% 올려주면 회사 전체 이익은 어떻게 변할지 등의 의사결정을 하기 위해 회계를 이용한다.

① 외부정보이용자는 투자자, 대여자, 감독기관, 고객, 노동조합 등 다양한 이해관계자를 포함하여 주식을 살 것인지, 산다면 배당금을 얼마나 받을 수 있을지 등에 관심을 갖는다. 즉 특정 기업이 미래에 현금을 창출

할 수 있는 능력이 있는가에 대한 의사결정이다. 회계정보의 이용자를 나누는 것은, 전달되는 회계정보의 양과 질, 형식에 있어 차이가 있기 때문이다.

② 내부정보이용자에게 전달되는 회계정보는 굳이 일정한 규칙이나 형식을 필요로 하지 않는다.

③ 외부정보이용자에게 전달되는 회계정보는 제한이 있으므로, 일정한 규칙이나 지침에 따라 작성되어야 한다.

- 내부정보이용자 : 사장, 종업원, 관리자 등
- 외부정보이용자 : 투자자, 세무당국, 금융기관 등

2) 회계의 분류

(1) 회계기록, 계산하는 방법에 따른 분류

- 단식회계 : 일정한 원리원칙 없이 재산의 증가, 감소만 기록하고, 손익의 원인을 계산하지 않는 기장방법이다.

  예 비영리 : 가계, 학교, 정부, 종교단체 등

- 복식회계 : 일정한 원리원칙에 따라 재산의 증감은 물론 손익의 발생 원천을 원인별로 기록, 계산하는 완전한 약속의 학문 기장방법이다.

  예 영리 : 각종 기업(영리가 목적)

(2) 이용자의 목적에 따른 분류

- 영리회계 : 영리를 목적으로 기업에서 사용하는 회계로 재무회계, 원가회계, 금융회계, 건설업 회계 등이 있다.
- 비영리회계 : 영리를 목적으로 하지 않는 가게나 학교, 관공서, 종교단체 등에서 사용하는 회계로 가계회계, 학교회계, 관청회계, 재단회계, 국방회계 등이 있다.

분류기준에는 3가지가 있다.

① 영리성 유무 : 기업(영리목적), 비영리(학교, 종교단체)

② 정보이용자 : 관리회계, 재무회계, 세무회계(목적에 따라)

③ 기록, 계산에 따라 : 단식회계, 복식회계

(3) 회계의 구분 및 이용자

① 관리회계 : 기업 경영자, 내부관리자

② 재무회계 : 일반 투자자(주주, 채권자), 은행, 금융기관, 정부기관, 일반 대중, 사회단체

③ 세무회계 : 정부 세무당국

2. 회계의 정보전달

1) 기업회계의 개념

회사의 경영활동에는 주주, 경영자, 종업원, 채권자, 거래처, 일반대중 등 다양한 이해관계자들이 관련되어 있다. 이들은 자신들과 직간접적으로 연관되어 있는 회사의 경영활동 성과나 재산상태의 변화에 대하여 자신들의 목적에 맞는 정보를 원한다.

회사의 입장에서는 이러한 이해관계자들의 정보이용목적을 충족시켜 주어 신뢰를 얻어야만 안정적으로 성장할 수 있으므로 이들에게 회사의 경영활동과 재산상태에 관하여 믿을 수 있는 정보를 제공하는 것이 필요하다.

즉 회계란 “기업실체의 경제적 활동과 관련된 거래나 사건을 화폐액으로 측정・기록・분류・요약・정리하고 그것을 해석하는 기술”이라고 하는 회계정보의 생산자 측면과(기업회계 또는 부기) “기업실체의 경제적 활동에 관심을 갖는 여러 이해관계자가 합리적 판단과 경제적 의사결정을 할 수 있도록 회사의 경제적 활동의 흐름과 결과를 추적・기록하여 유용한 정보를 적시에

제공하는 것"이라는 회계정보 이용자 측면을 동시에 의미한다.

이해관계자	정보이용 목적
경영자(내부)	당기 회사의 실적은 얼마이며 나의 성적은?
종업원	올해 임금은 얼마나 인상? 보너스의 수준은?
채권자	돈을 빌려주어도 안전한 회사인가?
주주	올해 배당금은 얼마이며, 계속 보유할까?
거래처	이 회사와 계속 거래를 하여도 안전할까?
국가 및 감독기관	세금은 얼마이며, 성실하게 운영되는가?
일반대중 등	이 회사 장래에 이해관계자가 될까?

한편, 회계를 정보이용자의 유형에 따라 재무회계와 관리회계로 나누기도 한다.

재무회계와 관리회계 비교표

내 용	재 무 회 계	관 리 회 계
목적	외부이용자에게 유용한 정보제공	경영자의 관리적 의사결정에 제공
보고 대상	외부 정보이용자(투자자 등…)	내부 정보이용자(경영자 및 관리자)
기준(원칙)	일반적으로 인정된 회계원칙 준수	통일된 회계원칙이나 이론 없음
정보의 방향과 범위	과거 지향적이며 화폐적 정보를 중심으로 이루어진다.	미래 지향적이며, 비화폐적 정보도 포함한다.
회계정보의 질적 특성	신뢰성	목적 적합성

정보이용자에게 그들의 의사결정을 위한 경영활동의 결과를 기록하고 요약하여 전달하는 의사결정 정보시스템이라 할 수 있다.

주변 이해관계자 즉 내부관계자(경영자, 종업원 등)와 외부관계자(협력업체, 은행, 자금대여자 등)를 말한다.

기업회계란 정보이용자가 의사결정을 내릴 때 유용한 정보를 제공하기 위하여 경제적 사건을 식별, 측정, 분류, 요약, 전달하는 과정으로 회계주체를 기업으로 한 것이다.

〈왜 회계정보를 기업의 언어라고 하는가〉

재무제표에 담긴 회계정보는 기업의 모든 경영활동을 요약하고 있기 때문에, 이를 통하여 다양한 이해관계자들과 의사소통을 하기 위한 수단으로 이용된다. 그래서 회계정보를 바로 기업언어라고 한다.

2) 기업회계 정보이용자

- 내부정보이용자 : 경영자(관리자)
- 외부정보이용자 : 투자자, 채권자, 주주, 정부, 과세당국, 종업원 등을 말한다.

3) 회계의 목적

- 보고목적 : 기업 재무제표 보고서 목적
- 관리목적 : 기업 내부경영 목적
- 신고목적 : 기업 세금납부 목적

4) 회계와 부기

회계는 부기를 포함하는 것으로 부기는 회계의 기초분야로 단순히 거래를 기록, 계산, 정리하는 단순한 기술적 과정인 반면, 회계는 포괄적인 정보제공을 말한다.

(1) 단식부기

원칙 없이 금전출납, 채권, 채무관계 기록 : 가계부, 개인 기록장 등을 말한다.

(2) 복식부기

기업자본의 증가와 감소를 원인과 결과의 금액으로 분류하여 수익과 비용의 발생요인과 사유를 상세하게 기록 이중기록, 검증을 말한다.

주식회사에서 소유와 경영의 분리라는 이념에 근거하여 기업이 회계원칙에 따라 재무제표라는 형태로 외부 사람들에게 객관적이고 공정한 기업의 모습을 공표하는 것을 목적으로 한다. 재무제표는 손익계산서와 대차대조표(재무상태표)를 두 개의 축으로 하여 구성되어 있다.

5) 관리회계

기업 내부의 경영관리수단으로 사용되고 경영자의 의사결정이나 업적관리에 활용된다. 경영자가 전략을 수립하고 의사결정을 할 때 각 상품의 수익구조 등 내부정보가 필요하다.

그러므로 기업의 내부이해관계자인 경영자에게 유용한 정보를 제공한다.

6) 세무회계

기업회계상 산정된 이익을 기초로 하여 조세부담능력의 기준이 되는 과세소득과 세액의 산정에 관한 재무적 정보를 전달하는 기능을 가진 회계이다.

3. 회계의 목적

회계는 기업 자체의 활동상황을 파악함은 물론 투자자, 채권자, 종업원 등의 이해관계자를 위해서도 필요하다.

- 주목적 : 일정 시점에 있어서 재무상태를 파악(재무상태표)
  일정 기간의 경영성과 파악(손익계산서)
- 부목적 : 투자자, 채권자, 종업원 등에게 기업회계정보 제공
  과세의 자료 제공
  미래의 경영 수립에 필요한 자료 제공

4. 영리회계와 비영리회계

회계는 기록하는 방법이나 영리성의 추구, 이용방법에 따라 분류한다.

① 기록하는 방법에 따라 : 단식회계, 복식회계

② 기업회계(기업영리회계)

- 이용하는 방법에 따라 : 상업, 공업, 은행, 농업, 광업, 운송, 보험 등의 회계
- 기업의 조직형태에 따라 : 개인, 회사, 조합 등의 회계

③ 비영리회계 : 관청회계, 학교회계, 가계회계, 종교회계 등

1) 부기의 역사

세계에서 최초로 복식부기의 원리를 설명한 자료는 1494년에 이탈리아 베니스의 승려인 루카 파촐리(Lucas Pacioli)가 저술한 『Summa』(산술, 기하, 비례, 비율총람)로 알려져 있으며, 현대회계의 시초라 할 수 있다. 우리나라에는 20세기 초에 도입되어 사용되고 있다.

우리나라 회계의 원천은 이보다 약 200년 앞선 1200년대에 고려시대의 『사개 송도 치부법』(개성부기)으로 알려졌으나 현재는 존재하지 않으며 1899년 황성신문에서 처음 부기라는 용어를 사용하였다.

2) 부기의 개념

부기(Book Keeping)란 장부기입(帳簿記入)이라는 어원에서 만들어진 용어로 기업의 거래를 일정한 원리에 의하여 장부에 기입·정리하는 것이다.

3) 거래의 의의

회계상 거래란 기업의 자산, 부채, 자본의 증감변화를 일으키는 모든 경제적 사항을 말한다. 또한 비용과 수익의 발생도 결국은 자산과 부채를 증감,

변동시키기 때문에 거래가 성사된다.

부기상의 거래인 것	부기상의 거래가 아닌 것
• 현금을 분실하다 • 상품 및 자산을 도난당하다 • 건물, 기계 등의 가치가 감소하다 • 화재로 건물이 소실되다 • 거래처의 파산으로 매출채권이 대손되다 • 점주가 회사의 상품을 사용하다 • 토지, 건물 등을 기증받다 • 현금을 출자하여 영업을 개시하다	• 상품을 주문하다 • 종업원을 채용하다 • 상품 및 물건 등의 매매계약을 체결하다 • 점포의 임대차계약을 체결하다 • 은행에서 현금을 차입하기로 약속하다 • 수탁인에게 상품매입을 위탁하다 • 상품을 창고회사에 맡기다 • 은행과 당좌차월계약을 체결하다

☞ 상품의 매매, 건물의 구입, 현금의 대여, 어음의 발행 등은 부기상 거래이자 일상생활의 거래이다.

5. 회계단위와 회계연도

회계의 순환과정 : 기업은 영업을 개시하여 기업의 목적이 달성되거나 법적으로 해산이나 청산절차를 밟기 전까지는 영업에 관련된 활동을 계속하기 때문에 기업의 이해관계자 등은 기업과 관련된 경제적 의사결정을 하기 위하여 유용한 정보를 적시에 알 수가 없다.

따라서 기업에서는 인위적으로 기간을 구분하여 회계기간(1년 이내)이라고 하여 처음 거래가 발생하는 시점을 기초(기수)라고 하며 장부를 기장하기 시작하고 거의 반복적으로 발생하는 거래를 기록, 계산하여 기말이라는 시점에서 재무제표를 작성하여 정보이용자에게 전달하게 되는데 이러한 과정을 (회계의 순환과정) 또는 회계의 일생이라고 한다.

회계의 순환과정

기 초(1/1) ---------------- 6/30 ---------------- 기 말(12/31)
전 기 ---------------- 당 기 ---------------- 차 기
(2013년) (2014년) (2015년)

회계기간 중의 회계처리

거래의 인식 → 분 개 장 → 총계정원장
↑
전 표 → 일 계 표

회계기말의 결산작업

시 산 표 → 정 산 표 → 계정의 마감 → 재무제표 작성

1) 회계단위

장소적 단위 본점과 지점으로 회계단위를 말한다.

예 본점 서울, 지점 부산, 대구, 울산 등

회계를 기록, 계산하는 범위

(기초)1/1 --------------- (당기) --------------- (기말)12/31
/ 6/30 /
전기 / 상 반 기 / 하반기 / 차기
(기말) / (회계기간) / (기초)
(2014) / (2015) / (2016)

* 회계기간을 1년으로 정한 경우임

2) 회계연도

회계에서는 1년에 1회 이상 결산을 하도록 규정하고 있으며, 회계기간을 6개월로 정한 경우에는 상반기, 하반기로 나누어 분리한다.

기업이 경영성적을 계산하기 위하여 6개월, 1년 등으로 적당히 기간을 구분한다. 이것을 한마디로 회계연도, 회계기간, 사업연도라고 한다.

제2절 재무제표의 이해

1. 재무제표와 손익계산서

1) 재무제표의 정의

재무제표란 기업이 외부의 이해관계자들에게 기업의 재무상태와 경영성과를 알려주기 위해 작성한 일련의 표를 말한다. 기업과 관련된 이해관계자들에게 특정 회계기간 동안 기업의 경영활동을 간략하게 요약한 회계보고서로서, 특정시점에서의 재무상태(자산, 부채, 자본의 변화 내역)와 일정기간의 경영성과(수익과 비용의 발생 내역)를 요약한 표라고 할 수 있다.

즉 회계는 회계정보를 재무제표라는 회계보고서로 제공한다.

복식회계를 통하여 각 계정에 기록되어 있는 재무(재산)상태와 손익의 정보 등을 알아보기 쉽게 회계보고서로 요약, 정리한 것이 재무제표이다.

상장기업들은 매년 3월이 되면 지난해 경영성과와 이에 대한 감사결과를 발표하고, 각 신문사 하단에는 많은 기업들의 결산 실적을 보도하고 주요 정보내용들을 요약하여 독자들에게 정보를 제공한다. 그 정보내용들의 대부분은 기업이 발표한 재무제표에 담겨 있다.

왜 중요한가? 외부의 이해관계자들은 재무제표에 담긴 정보내용에 근거하여 기업의 가치를 평가 또는 투자한다.

따라서 기업의 경제적 상황 즉 재무상태, 경영성과를 나타내는 표로서 기업의 경제적 활동이 최종 요약된 보고서이다.

재무제표는 재무상태표, 포괄손익계산서, 자본변동표, 현금흐름표, 주석 이 5가지로 구성된다. 재무상태표는 예전에 대차대조표라고 불렸는데, 국제기준법을 따르면서 재무상태표라는 이름을 쓰게 되었다. 이는 유용한 정보인 재무제표를 통해 의사결정을 할 수 있기 때문이다.

〈재무제표의 기능〉

	(요약정리)	(보고서)	
(거 래) —	(장부 기록) —	(재무제표) —	(이해관계자)
재산의 변동 돈의 흐름	복식부기	재무상태표 손익계산서	

〈재무제표〉

재무상태와 경영성과를 보고하는 회계보고서, 재무상태표와 손익계산서가 중요하다.

회계기준은 다음 4종류의 재무제표를 기본재무제표로 정하고 있으며, 여기에 주석을 포함시킨다.

① 재무상태표

② 손익계산서

③ 자본변동표

④ 현금흐름표

* 발생기준회계에 의한 작성

	(손익계산서)	
〈재무상태표〉 —	(자본변동표) —	〈재무상태표〉
기초	(현금흐름표)	기말

* 현금기준회계에 의한 작성

〈재무상태표〉

기업이 일정시점에 보유한 자산과 부채, 자본의 상태를 나타내는 재무제표를 말한다.

* 재무상태표의 성격

재무상태표

동국(주) 20**년 *월 *일 현재 (단위 : 원)

자 산	부 채
	자 본

*차변) 어디에 자금을 사용했는가?(자금운용) *대변) 어디에서 자금이 들어왔는가?(자금조달)

재무상태표의 양식

〈차〉 재무상태 〈대〉

자산	7억	부채	3억
현금 상품 건물 비품		차입금 외상매입금	
		자본	4억
		자본금 잉여금	
자산총계	7억	부채와 자본총계	7억

재무상태표 등식

자산 = 부채 + 자본

재무상태표의 차변은 자산을 표시하고 기업의 자금운용상태를 보이며, 대변은 부채와 자본을 표시하여 자금조달상태를 보인다.

2) 자산의 분류

자산의 1년 기준에 근거하여 유동자산과 비유동자산으로 나누어진다.

① 유동자산

재무상태표 공시일로부터 1년 이내에 현금화가 가능하다고 기대되는 자산으로 당좌자산과 재고자산으로 다시 분류한다.

가. 당좌자산 : 현금화가 가장 빨리 될 수 있는 것으로 판매과정을 거치지 않고 현금으로 전환되는 자산이다.

- 현금 및 현금성자산 : 통화 및 타인발행수표 등의 통화대용증권과 당좌예금, 보통예금 및 큰 거래비용 없이 현금으로 전환이 용이하고 이자율 변동에 따른 가치 변동의 위험이 중요하지 않은 금융상품으로서 취득 당시 만기일(상환일)이 3개월 이내인 것을 말한다.
- 매출채권 : 일반적 상거래에 발생한 외상매출금과 받을어음
- 단기대여금 : 회수기간이 1년 이내에 도래하는 대여금
- 미수금 : 건물이나 비품 등을 외상으로 판매했을 경우, 상거래 이외에서 발생한 미수채권
- 선급금 : 상품이나 원재료 등의 매입을 위하여 미리 지급한 금액

나. 재고자산 : 생산 또는 판매과정을 거쳐야 비로소 현금화가 가능한 자산

- 상품 : 상기업이 판매를 목적으로 구입한 것
- 제품 : 제조기업이 판매를 목적으로 제조한 생산품이나 부산물

이외에도 재고자산(재공품, 원재료, 저장품 등)이 있다.

② 비유동자산

재무상태표 공시일로부터 1년 이후에나 현금화가 가능하다고 기대되는 자산으로 기타 금융자산, 유형자산, 무형자산, 기타 수취채권이 있다.

가. 유형자산 : 기업이 소유하고 있는 구체적인 형태가 있는 자산이다.

- 토지 : 대지, 임야, 전답 등
- 건물 : 영업활동을 목적으로 취득한 건물
- 비품 : 사무실책상, 컴퓨터, 차량운반구 등

나. 무형자산 : 기업이 영업활동을 위해 형태가 없는 자산으로 경제적 효익을 누릴 수 있는 자산

- 산업재산권 : 일정기간 독점적, 배타적으로 이용할 수 있는 권리. 특허권, 실용권, 의장권, 영업권, 광업권, 어업권, 개발비 등이 있다.

다. 기타 금융자산 : 장기적인 투자이윤을 얻을 목적으로 보유하는 자산이다.

- 장기금융상품 : 정기예금, 정기적금(1년 이후)
- 투자유가증권 : 1년 이상 보유, 유가증권
- 장기대여금 : 유동자산에 속하지 아니하는 장기 대여금

3) 재무제표의 종류

재무상태표의 종류는 총 다섯 가지 재무상태표, 손익계산서, 현금흐름표, 자본변동표, 재무제표의 주석 등이 있다. 가장 중요한 재무제표 두 가지는 바로 재무상태표와 포괄손익계산서이다.

① **재무상태표** : 특정시점의 재무상태를 알려주는 표를 말한다.

일정 시점에 재무상태를 표시하기 위하여 작성하는 것으로 기말의 자산, 부채 및 자본을 한 표에 나타낸 것이며 재무상태표등식에 의하여 작성된다. 재무상태표 차변에는 자산을, 대변에는 부채와 자본을 표시하게 된다. 이때 차변에 잔액이 생기면 당기순이익이 발생하며 반대로 대변에 잔액이 생기면 차변에 당기순손실이 발생한다.

재무상태표

자산	금액	부채 및 자본	금액
현금 및 현금성 자산 상품 매출채권 건물	710,000 40,000 1,000,000 100,000	매입채무 자본금 당기순이익	680,000 1,000,000 170,000
	1,850,000		1,850,000

② 포괄손익계산서 : 일정기간 경영성과를 알려주는 표를 말한다.

일정기간의 경영성과를 알기 위하여 작성하는 것으로 한 회계기간 중의 비용, 수익을 한 표에 나타낸 것이다. 비용을 차변에, 수익을 대변에 기입하여 대변잔액이 생기면 차변에 당기순이익이, 차변잔액이 생기면 대변에 당기순손실이 발생된다.

포괄손익계산서

비용	금액	수익	금액
급여 당기순이익	32,000 273,000	상품매출이익 이자수익	303,000 2,000
	305,000		205,000

4) 재무상태표의 구성요소

(1) 자산

기업 경제적 가치가 있는 모든 자원으로서 기업 투하자본의 운영형태로 나타나는 것이며 여러 가지 경제적 자원을 말한다. 기업이 보유한 돈 가치가 있는 모든 재산, 회계상 미래경제적 효익이 있는 자원이라고 할 수 있다.

① 유동자산 : 1년 이내

• 당좌자산 : 현재 지급수단으로 쓸 수 있거나 가까운 장래에 현금화되어

지급수단이 될 수 있는 화폐성 자산을 말한다.(외상매출금, 받을어음, 현금, 예금, 유가증권, 단기대여금, 미수금, 미수수익, 선급금 등)

• 재고자산 : 기업영업활동과정에서 소비되거나 판매과정을 거쳐 현금화되는 자산(상품, 제품, 재공품, 원재료, 반제품, 저장품) 등을 말한다.

② **고정자산** : 기업영업활동을 위해 장기간 소유하고 있는 자산(1년 이상)을 말한다.

• 유형고정자산 : 토지, 건물, 구축물, 기계장치, 선박, 차량운반구, 건설 중인 자산 등을 말한다.

• 투자자산 : 장기금융상품, 장기성 매출채권, 투자부동산, 보증금 등을 말한다.

• 무형자산 : 영업권, 광업권, 어업권, 이연자산(창업비, 개발비) 등을 말한다.

(2) 부채

타인에게 반환해야 할 채무(빚)를 말한다. 남에게 갚아야 할 돈, 즉 채무를 말한다.

기업이 영업활동을 하다 보면 외부로부터 자금을 빌려오는 경우도 있고, 상품을 외상으로 매입하게 되어 채무(빚)를 지게 되는 경우도 있다.

부채의 분류도 1년 기준에 따라 결산일부터 1년 이내에 상환기간이 도래하는 유동부채와 1년 이후에 상환의무가 도래하는 비유동부채로 분류된다.

① 유동부채

매입채무, 단기차입금, 미지급금, 선수금, 예수금, 미지급비용, 미지급법인세, 미지급배당금 등을 말한다.

• 매입채무 : 상거래 시에 발생한 외상매입금과 지급어음

- 단기차입금 : 현금차입한 것으로 1년 이내에 상환할 의무가 있는 채무
- 미지급금 : 일반적 상거래 이외에서 발생한 채무(비품 구입 시)
- 미지급비용 : 당기에 발생된 비용으로서 지급되지 아니한 것
- 비유동부채 : 1년 이후에야 상환할 의무가 있는 장기성 채무
  - 사채 : 1년 이후에 상환되는 사채
  - 장기차입금 : 현금차입한 것으로 1년 이후 상환한다.

② 고정부채

사채, 장기성차입금, 장기성매입채무 등을 말한다.

(3) 자본

자산에 대한 소유주, 주주 청구권을 의미하며 기업의 순자산, 즉 소유주 지분을 의미한다. 주인의 몫, 자산에서 부채를 차감한 순자산을 말한다. 회계에서 자본은 기업이 소유하고 있는 자산에 대한 소유주의 지분을 의미하며, 자본은 기업이 소유하고 있는 자산총액에서 부채총액을 차감한 잔액, 즉 잔여지분으로도 나타낼 수 있다.

〈자본의 분류〉

자본은 자본금과 자본잉여금, 자본조정, 기타 포괄손익누계액, 적립금, 이익잉여금으로 구분된다.

① 자본금

기업의 출자자가 기업에 출자한 금액으로 영구히 남아 기업활동의 기초가 되는 것이다.

② 자본잉여금

자본거래에서 발생하는 잉여금으로 주식발행초과금과 기타 자본잉여금으로 구분한다.

주식발행초과금이란 주식발행 시 액면가액을 초과하여 불입된 금액을 말한다.

③ 자본조정

자본금, 자본잉여금 및 이익잉여금 중 어느 항목에도 속하지 않는 임시적 성격의 자본항목으로 자본에 가산 혹은 차감하는 형식으로 표시된다. 자본조정에는 주식할인발행차금, 출자전환채무, 감자차손 등이 있다.

④ 이익잉여금

영업활동에서 발생된 순이익 중 주주에게 배당금을 지급하고 남은 부분을 의미하는 것으로 이익준비금, 임의적립금 등이 있다.

(4) 재무상태의 원리

자산 = 부채 + 자본

재무상태표 예시

(차) 재무상태 (대)

자산 ₩100	부채 ₩30
	자본 ₩70

*** 일정한 시점**

(자본등식)

자본 = 자산 - 부채

자산 = 부채 + 자본

* 이 원리를 대차평균의 원리라 한다.

2. 손익계산서의 구성요소

손익계산서 일정 회계기간 동안의 기업의 경영성과를 나타낸 보고서로 중요한 재무제표의 하나이다.

〈포괄손익계산서〉

포괄손익계산서에는 손익항목이 경상항목이든 비경상항목이든 당해연도의 모든 포괄적 손익에 대한 정보가 담겨 있다.

1) 수익

기업이 영업활동을 통해 재화나 용역을 제공한 대가로 받아들이는 경영가치의 총계

영업수익(매출액), 영업외수익(이자수익, 유가증권처분이익, 배당금수익, 환차익, 투자자산 처분이익), 특별이익(보험차익, 채무면제이익) 등을 말한다.

2) 비용

매출원가, 판매비와 관리비, 영업외비용, 특별손실(재해손실, 전기오류수정손실), 법인세 비용 등을 말한다.

3) 손익계산서의 원리

총수익 - 총비용 = 순이익(손실)

4) 손익계산서 예시

(차) 손익계산서 (대)

비용	수익
이익	손실

* 일정한 기간의 성과

(손익계산등식)

수익 - 비용 = 순이익

비용 - 수익 = 순손실

비용 + 순이익 = 수익

수익 + 순손실 = 비용

5) 순손익의 계산

기업의 경영성과를 나타내는 순손익을 계산하는 방법에는 자본을 비교하여 계산하는 재산법과 비용과 수익을 계산하는 손익법이 있다.

(1) 재산법

기말자본 - 기초자본 = 순이익(기말자본 > 기초자본인 경우)
기초자본 - 기말자본 = 순손실(기말자본 < 기초자본인 경우)

(2) 손익법

수익총액 - 비용총액 = 순이익(수익총액 > 비용총액인 경우)
비용총액 - 수익총액 = 순손실(수익총액 < 비용총액인 경우)

(3) 재무상태의 이해

기초재무상태표와 기말재무상태표를 작성하는 방식을 참고한다.

기초재무상태표에서 산출된 기초자본금을 기말재무상태표 대변에 그대로 기입하면 기말자산-(기말부채 + 기초자본) = 순이익이 되므로, 이 금액을 당기순이익으로서 기초 자본금과 별도로 구분하여 재무상태표 대변에 기입한다.

기초 재무상태표

20**년 1월 1일

자 산	금 액	부채 및 자본	금 액
현 금 상 품 대 여 금 비 품	60,000 40,000 40,000 20,000	차입금 자본금	30,000 130,000
	160,000		160,000

기말 재무상태표

20**년 12월 31일

자 산	금 액	부채 및 자본	금 액
현 금 외상매출금 대여금 상 품 비 품	36,000 50,000 40,000 144,000 10,000	외상매입금 차입금 자본금 당기순이익	76,000 30,000 130,000 44,000
	280,000		280,000

@20**년 1월 1일부터 20**년 12월 31일까지.

연습문제

1. 다음 자료에 의하여 빈칸에 알맞은 금액을 구하시오.

기말자산	기말부채	기말자본	기초자본	총비용	총수익	순이익
₩61,000	₩23,000	(　　)	₩29,000	(　　)	₩77,000	(　　)

2. 2003년 1월 1일 ₩1,500,000을 출자하여 개업한 서울상사의 12월 31일 재무상태가 다음과 같을 때 당기의 순손익을 계산하면 얼마인가? (₩　　　　)

현 금	₩250,000	외상매입금	₩300,000
상 품	500,000	선 수 금	150,000
외상매출금	500,000	건 물	800,000
선 급 금	200,000	단기차입금	100,000

3. 다음 자료에 의해 ① 기말자본, ② 총수익, ③ 순손익을 계산하시오.

기초자본	₩100,000	기말자산	₩250,000
기말부채	120,000	총비용	50,000

4. 다음 표의 (　　　) 안에 알맞은 금액을 기입하시오. 단 "△"는 순손실임

기말자산	기말부채	자 본		총수익	총비용	순손익
		기 초	기 말			
(　　)	500,000	650,000	(　　)	(　　)	1,200,000	200,000
2,300,000	(　　)	(　　)	950,000	750,000	(　　)	△50,000
700,000	250,000	(　　)	(　　)	330,000	300,000	(　　)

6) 재무제표와 포괄손익계산서

기업의 재무상태를 표시한 재무제표와 영업기간 중에 발생한 경영성적을 표시한 포괄손익계산서는 내용으로나 숫자적으로 서로 밀접한 관련이 있다.

이것은 재무제표에 기입되는 포괄손익계산서에 의하여 산출된 것이다. 그러므로 포괄손익계산서에 표시된 당기순손실과 재무제표에 표시된 당기순손익의 금액은 일치한다.

(1) 순이익이 발생하였을 경우

포괄손익계산서

<table>
<tr><td>총비용 4,500</td><td rowspan="2">총수익 7,500</td></tr>
<tr><td>당기순이익 3,000</td></tr>
</table>

총비용 + 순이익 = 총수익

재무제표

<table>
<tr><td rowspan="3">기말자산 75,000</td><td>기말부채 20,000</td></tr>
<tr><td>기초자본 50,000</td></tr>
<tr><td>당기순이익 5,000</td></tr>
</table>

기말자산 = 기말부채 + 기초자본 + 순이익

(2) 순손실이 발생하였을 경우

포괄손익계산서

<table>
<tr><td>총비용</td><td>총수익 9,000</td></tr>
<tr><td>11,000</td><td>당기순손실 2,000</td></tr>
</table>

총비용 = 총수익 + 순손실

재무제표

기말자산 58,000	기말부채 10,000
당기순손실 2,000	기초자본 50,000

기말자산 + 순손실 = 기말부채 + 기초자본

3. 기업 재무제표

1) 손익계산서

일정기간 동안의 기업의 경영성과를 보여주는 재무제표이다.

일정기간(보통 1년) 동안 기업이 벌어들인 매출과 지출한 비용, 그리고 기업이 벌어들인 순이익이 얼마인지 알 수 있다. 한계는 현 시점에서 기업의 재무상태 즉 현금을 얼마나 가지고 있는지, 부채는 얼마인지, 자본은 얼마를 가지고 있는지 알 수 없다는 것이다. 그런데 이를 손익계산서가 보완한다. 따라서 기업이 벌어들인 전체 금액을 수익, 사용한 돈을 비용이라 하며, 수익에서 비용을 차감한 금액을 순이익이라고 한다. 즉 손익계산서는 수익에서 비용을 차감한 순이익이 얼마인가 하는 경영성과를 나타낸다.

〈손익계산서의 양식〉

손익계산서

20**년 1월 1일부터 12월 31일

수익 :	
용역매출	5,000,000
비용 :	
인건비	2,000,000
물류비	2,000,000
관리비	500,000
비용계	4,500,000
순이익	500,000

〈손익계산서 등식〉

손익계산서

20**년 1월 1일부터 12월 31일

비용 :		수익 :	
인건비	2,000,000	용역매출	5,000,000
물류비	2,000,000		
관리비	500,000		
비용계	4,500,000		
순이익	500,000		
비용 + 순이익계	5,000,000	수익계	5,000,000

〈K-IFRS : 포괄손익계산서〉

국제회계기준은 포괄손익계산서를 요구하고 있으며, 포괄손익계산서는 순이익뿐 아니라 기타포괄손익을 추가한 총포괄손익을 보여주는 재무보고서이다. 포괄손익계산서는 다음의 정보를 나타낸다.

(수익 - 비용) + 기타 포괄손익 = 총포괄손익

〈재무상태표와 손익계산서의 관계〉

재무상태표(기초)

1/1현재

자산 10억	부채 3억 자본 7억
10억	10억

손익계산서

1/1~12/31

수익 5억 비용 4억
순이익 1억

재무상태표(기말)

12/31현재

자산 11억	부채 3억 자본 8억
11억	11억

@참고 (기초 7억 + 순이익 1억)

위 그림에서 기말자본 8억은 기초자본 7억에 순이익 1억을 합한 것임을 알 수 있다.

2) 현금흐름표

현금흐름표는 일정기간 동안에 기업의 경영활동, 즉 영업활동과 투자활동 및 재무활동으로 인한 현금의 유입액과 유출액을 표시한 보고서이다.

즉 일정기간 동안 기업의 현금유입과 현금유출에 대한 정보를 나타내는 재무제표이다.

기업의 현금 변동내역을 영업활동, 투자활동, 재무활동으로 나누어 현금 변동내역을 일목요연하게 보여주는 재무제표이다. 재무상태표에서는 현금을 현금 및 현금성자산이란 계정으로 현 시점에서 가지고 있는 현금만을 표시한다. 일 년 동안 현금이 어떻게 들어오고 현금이 어떻게 유출되었는지 알 수 없다. 이러한 재무제표의 한계를 현금흐름표가 보완한다.

3) 현금정보의 흐름

재무상태표	현금흐름표	재무상태표
자산 현금 및 현금성자산 부채 자본	영업활동으로 인한 현금흐름 투자활동으로 인한 현금흐름 재무활동으로 인한 현금흐름 기초의 현금 기말의 현금	자산 현금 및 현금성자산 부채 자본

4) 이익잉여금 처분 계산서

이것은 이익잉여금에 대한 설명이 좀 필요하다. 즉 기업이 벌어들인 이익 중 사외로 유출되거나 불입자본에 대체되지 않고 사내에 유보된 이익을 말한다. 이익의 발생분 중 배당금을 차감한 후 기업이 내부에 유보시키는 금액을 말한다.

이익잉여금 처분 계산서는 전기로부터 이월된 이익잉여금과 당기에 발행한 이익잉여금이 어떻게 처분되었는지를 나타내고 다음 회기기간으로 이월될 이익잉여금의 금액을 확인하기 위해 작성한다.

학습용어

1. 재무제표 4종류 : 재무상태, 손익계산서, 자본변동표, 현금흐름표
2. 자산의 구분 : 유동자산, 투자자산, 유형자산, 무형자산 및 기타 유동자산으로 구분한다.
3. 부채의 구분 : 유동부채, 비유동부채로 구분한다.
4. 순손익계산 : 수익 - 비용 = 순손익
5. 총포괄손익계산 : 수익 - 비용 + 기타 포괄손익 = 총포괄손익

학습토론

1. 기업회계에서 회계와 부기를 설명하시오.

2. 기업회계 유동자산/비유동자산을 설명하시오.

3. 기업회계 재무상태표와 손익계산서를 설명하시오.

4. 기업 재무, 관리, 세무회계를 설명하시오.

5. 재무등식과 손익등식을 설명하시오.

6. 이익잉여금이란?

제3장 기업 회계의 이해관계자

제1절 기업 회계의 목적 및 특징

1. 회계의 목적

1) 회계

기업이 가지고 있는 재산의 증감 변화를 기록 유지하는 방법이다.

즉 이해관계자에게 정보를 제공하는 것이다. 그리고 기업과 이해관계자 간의 언어(정보)소통이다.

기업회계는 기업회계의 회계공준과 그것에 의한 회계원칙에 따라 기업이라고 하는 기업체 및 그 영업활동에 적용한 특수처리 및 절차에 관한 특수회계이며, 기업을 대상으로 기능을 수행하기 위하여 일정한 회계절차를 갖고 있어야 되는데, 그 절차와 실무를 기업회계라고 한다.

주목적은 일정시점에서 기업의 재무상태를 표시하고, 일정기간의 기업의 경영성적을 파악하는 것이다.

부목적은 기업의 이해관계자들에게 기업활동의 정보를 제공하며, 국가에 대한 과세의 자료를 제공하는 것이다. 또 기업에 있어서 장래의 경영방침을 수립하는 데 중요한 자료를 제공하며, 기업과 제3자 간에 소송사건이나 분쟁이 발생하였을 때 이를 해결할 수 있는 충분한 증거자료를 제공한다.

- 기업회계 정보 제공
- 누가? 기업이(영리목적단체)
- 누구에게? 이해관계자들에게
- 어떤 정보? 의사결정할 수 있는 '정보' 제공

예 기상예보(필요한 사람에게 등산, 낚시, 운동)

2) 기업의 이해관계자

기업을 둘러싸고 있는 정보이용자, 즉 이해관계자 집단이 증가하면서 회계정보에 관한 욕구도 증가하고 있다. 다양한 정보욕구를 충족시키기 위해서는 기업의 경영성과와 재무상태를 이해하기 쉽게 전달해야 한다.

① 내부이해 : 내부 이용자는 기업의 경영활동 또는 성과에 책임지고 있는 관리자 또는 경영자이다. 기업의 목표수립, 신제품개발, 경영활동의 평가 등 적절한 회계정보를 이용한다.

예 경영자, 관리자, 종업원

② 외부이해 : 외부 정보이용자는 투자자. 미래의 잠재적 투자자를 포함한 채권자, 주주, 정부, 과세당국, 소비자, 사회단체, 협력업체 등에게 정보를 제공해야 한다.

따라서 회계는 이해관계자에게 정보를 제공하는 것이다.

3) 회계의 분류

① 영리회계 : 기업회계(사회 모든 기업의 영리추구)

② 비영리회계 : 학교, 종교단체, 정부기관 등

4) 회계의 시스템 분류

① 관리회계(내부회계)

관리회계는 내부의 이해관계자인 경영자에게 보고할 목적으로 이루어지는 회계를 말한다. 이는 원가회계에서부터 발달되어 왔으며, 현재는 원가회계를 포함하는 개념으로 사용되고 있다. 여기서 원가회계란 기업의 상품, 제품 등의 제조와 관련하여 들어간 비용을 산정하기 위한 회계를 말한다.

② 재무회계(외부회계)

재무회계는 기업의 외부에 있는 이해관계자인 불특정다수인에게 기업의 재무적 정보를 제공할 목적으로 이루어지는 회계를 말한다. 따라서 이는 기업의 정보제공자와 외부의 이해관계자인 불특정다수인 간에 의사소통이 되게 하는 일정한 지침이 있어야 하는데, 그 지침이 되는 것이 바로 앞서 설명한 기업회계기준이다. 따라서 재무회계는 기업회계기준서에 따라 모든 회계처리가 이루어진다.

그리고 재무회계의 주요한 보고수단으로는 대차대조표, 손익계산서, 이익잉여금(결손금)처분(처리)계산서, 현금흐름표, 자본변동표, 부속명세서 등의 재무제표가 있다.

③ 세무회계(과세당국)

세무회계는 일반적으로 기업회계기준에 따라 처리한 회계를 세법의 규정에 맞게 바꾸는 데 사용하는 회계로서 이는 기업이 일반적으로 인정되는 기업회계기준에 따라 회계처리를 하였어도 세법에서 인정하는 것과 인정하지 않는 것이 있기 때문이다. 따라서 이는 주로 세무당국에서 사용하는 회계이다.

2. 회계기록방법

① 단식회계 : 가계부, 개인 기록장(자기만 알 수 있게)

② 복식회계 : 양쪽으로 기록(일정원리 원칙에 맞게, 차변, 대변)

③ 복식회계란 : 기업이 가지고 있는 자산과 자본의 증감변화를 계정이란 특수형식에 의해 기록 계산하는 방법을 말한다.

- 복식회계 목적
- 일정기간 동안의 경영성적 파악
- 일정시점에서의 재정상태 파악
- 이해관계자의 합리적 판단에 기여 및 정보를 제공한다.

3. 기업회계의 기능

회계는 미리 (만든) 약속의 학문이다.

회계기준에는 2가지가 있는데 이는 일반회계기준과 국제회계기준(K-IFRS)으로 나뉜다.

① 일반회계기준 : 그 외 다른 기업들은 일반회계기준으로 처리하고 있다.

② 국제회계기준 : 2011년부터 모든 상장기업은 의무적으로 채택하고 있다.(K-IFRS)

* 일반회계와 국제회계 기준은 용어와 회계처리방법 등에서 조금 차이가 난다.

- 거래의 인식 : 거래발생(재무상태의 증감변화) → 거래의 인식(분개) → 장부의 기장(계정원장 기장)
- 거래의 발생 – 처리(기록, 계산, 정리) – 보고(재무상태, 경영성과)
- 거래의 종류 : 거래는 돈의 조달 · 투자 · 회수의 세 가지로 구분할 수 있다.
  - 조달 : 주주나 채권자의 돈을 맡는 것

- 투자 : 돈을 사용해서 가치를 만들어내는 것
- 회수 : 만들어진 상품이나 서비스를 판매하는 것

상품매입매출, 금전차입대여, 현금수익지출, 외상회수지급, 비용수익발생, 화재, 도난, 분실, 파손, 대손, 감자 등 증감변화가 있다.

회계기능은 크게 3가지로 나눌 수 있으며 이는 다음과 같다.

거래의 인식 및 측정기능 = 처리(기록, 계산, 정리)기능 = 보고서(재무상태 및 경영성과)기능
(경영활동, 회계자료) (이해관계자, 회계정보)

기업이 경제적으로 변화된 사실을 기록 계산하기 위해 장소적 범위를 구분할 필요가 있는데, 이 장소적 구분을 회계단위라고 한다.

예 서울 본점과 지방 지점, 본사와 공장, 또는 현장 등을 말한다.

기업의 재무상태와 경영성적을 명백히 계산하기 위하여 인위적으로 1년 이내의 기간적 범위를 정하는데, 이러한 기간을 회계연도 또는 회계기간이라 한다.

4. 복식회계의 특징

① 가치계산 : 화폐가치로 표시할 수 있어야 함
② 기간계산 : 일정기간을 설정기간 내의 영업내용으로 손익계산
③ 계정계산 : 일정한 형식에 의해 계산
④ 과거계산 : 이미 발생한 사실만을 가지고 기록 계산

제2절 회계단위와 기간이해

1. 회계단위와 기간

1) 회계단위 : 장소적 범위

각각의 장부회계단위는 여러 곳(서울, 부산, 대구, 경주 등)

오늘날 본사 전산으로 하나의 단위로 나타낸다.

2) 회계기간 : 회계연도

예 학기초, 학기말

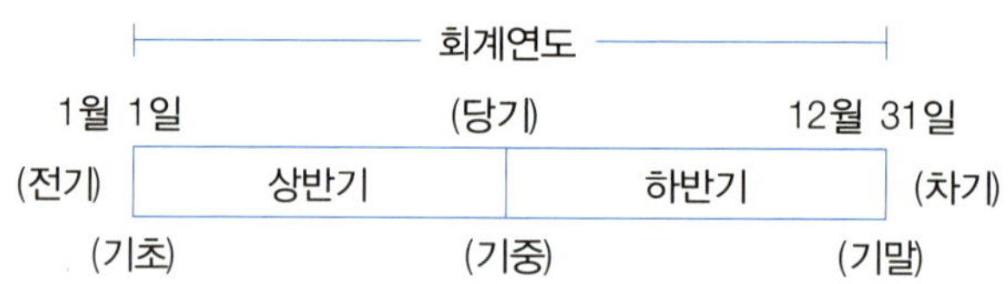

* 상법에서는 1년에 1회 이상 결산하도록 규정하고 있다.

3) 회계상거래와 일상생활상의 거래 차이

기록, 계산, 정리대상이 되는 것 = 거래

거래발생은 회계의 시초이다.

거래가 발생하면 증감변화(+, -)가 있다.

- 회계상거래 : 상품매입매출, 현금수익지출, 비용수익발생, 화재, 도난, 분실, 파손, 대손, 감가 = 증감변화가 있다.
- 일상생활거래 : 주문, 계약, 담보제공 등 = 증감변화가 없다.

2. 회계의 5가지 개념

1) 자산

총자산, 적극적 재산 등으로도 말한다. 기업이 경영활동을 위하여 소유하고 있는 각종 재화와 채권을 말하며 1년을 기준으로 분류한다.

현금	현금 및 현금성자산으로 통합함
상품 또는 재고자산	재고자산 밑에 상품, 제품, 원재료 식으로 나눔
유가증권	재무상태표에는 다른 명칭으로 구분
외상매출금	외상으로 상품을 팔거나 서비스를 제공한 경우
비품	컴퓨터 책상 등

① 유동자산 : 당좌자산, 재고자산 등을 말한다.

② 비유동자산 : 투자자산, 유형자산, 무형자산, 기타 비유동자산 등으로 구분한다.

③ 고정자산 : 기업이 전매의 목적 없이 장기간 사용하기 위하여 보유하는 자산이다. 예 비품, 건물, 토지 등

- 재화 : 금전적 가치가 있는 모든 물건을 말한다.
- 채권 : 받을 권리를 말한다.

기업이 소유하고 있는 각종 재화와 채권을 통틀어 말함(예 : 현금, 상품, 비품, 건물, 예금, 외상매출금, 대여금 등)

2) 부채

빚, 즉 타인 재산, 소극적 재산을 말한다. 기업이 장래에 지급해야 할 의무를 말하며 1년을 기준으로 분류한다.

외상매입금	상품 등을 외상으로 구입한 경우
지급어음	상품 등을 구입하고 어음을 발행한 경우
미지급금	상품 이외의 비품, 소모품 등을 외상으로 구입할 경우
사채	회사가 회사채를 발행해서 빌린 돈
장기차입금	은행 등에서 빌린 돈으로 1년 이후에 갚을 돈

① 유동부채 : 1년 이내에 지급할 채무. 단기부채

예 외상매입금, 미지급금, 예수금, 단기차입금 등

② 고정부채 : 1년 이상 채무를 말함. 장기부채

예 사채, 장기차입금 등

기업이 앞으로 현금 또는 상품 등의 자산으로 갚아야 할 채무를 부채라고 말함(예 외상매입금, 차입금, 지급어음, 미지급금, 선수금 등)

3) 자본

기업의 자본, 즉 순자산을 말한다. 기업의 자산총액에서 부채총액을 차감한 잔액을 자본(순자산)이라 한다.

자본금	주주가 출자한 돈으로 주식의 액면가액
주식발행초과금	주식의 액면가액을 초과해서 주주가 출자한 경우 액면초과액
이익잉여금	영업으로 벌어들인 순손익을 기록하는 계정

자산총액에서 부채총액을 공제한 것

자산총액 - 부채총액 = 자본

* 용어 : 독일어 자산 A(Aktiva), 부채 P(Passiva), 자본 K(Kapital)

(차) 재무상태표 (대)

<table>
<tr><td rowspan="2">자산 ₩100,000</td><td>부채 ₩40,000</td></tr>
<tr><td>자본 ₩60,000</td></tr>
</table>

등식 : A = P + K

4) 수익

수익은 사업을 통해 벌어들인 돈을 말하며, 영업활동의 결과 자본의 증가를 가져오는 것을 수익이라 함(예 상품매출이익, 수입이자, 수입수수료 등)

매출	상품이나 제품을 판매한 금액
용역매출	서비스를 제공하고 받은 돈
이자수익	예금이자 등

5) 비용

비용은 사업을 위해 사용한 돈을 말하며, 영업활동의 결과 자본의 감소를 가져오는 것을 말함(예 급료, 광고료, 소모품비, 보험료, 전기료, 지급이자 등)

매출원가	판매한 상품이나 제품의 원가
급여	종업원에게 지급한 월급
접대비	거래처 접대비용

(1) 손익계산서(Profit and Loss statement : P/L)를 작성한다.

① 순이익이 생겼을 경우 : 비용총액 + 순이익 = 수익총액

② 순손실이 생겼을 경우 : 비용총액 = 수익총액 + 순손실

① 손익계산서

총비용 ₩5,000	총수익 ₩7,000
당기순이익 ₩2,000	

② 손익계산서

총비용 ₩10,000	총수익 ₩8,000
	당기순손실 ₩2,000

3. 회계등식

기업이 소유하고 있는 물적 자원을 자산이라고 한다. 예를 들면 자산에는 현금, 토지, 건물비품, 영업권, 차량운반구 등이 있다. 이러한 자산을 구입할 경우 구입자금은 대개 두 가지 방법으로 조달된다. 하나는 기업의 소유주가

출자한 자금을 이용하는 것이고, 또 다른 하나는 은행이나 사채권자들로부터 자금을 빌려서 구입하는 것이다. 앞의 경우와 같이 기업의 소유주가 출자한 자금을 자본이라 한다. 그리고 외부로부터 자금을 빌려온 경우를 부채라고 한다.

1) 재무상태표

일정시점에 있어서의 기업의 재무상태를 표시하는 일람표를 말한다.

자본등식(일정한 시점)

자산 = 부채 + 자본

자본 = 자산 − 부채

(차) B/S (대)

자산	부채, 자본

(차) 재무상태표 (대)

자 산 ₩3,000,000	부 채 ₩1,000,000
	자 본 ₩2,000,000

2) 포괄손익계산서

일정기간에 있어서의 기업의 경영성적을 표시하는 일람표를 말한다.

손익계산서 등식(일정한 기간의 성과)

비용 + 순이익 = 수익

수익 + 순손실 = 비용

수익 − 비용 = 순이익

비용 − 수익 = 순손실

(차) P/L (대)

비용	수익
이익	손실

(차) 포괄손익계산서 (대)

비 용 ₩1,500,000	수 익 ₩1,800,000
당기순이익 ₩300,000	

(차) 포괄손익계산서 (대)

비 용 ₩1,800,000	수 익 ₩1,500,000
	당기순손실 ₩300,000

4. 계정과목표

기업이 회계기록을 편리하게 하기 위하여 자산, 부채, 자본, 수익, 비용의 세부계정과목을 정리하여 하나의 표로 만든 것을 계정과목표라고 한다.

〈계정과목표〉

동국 회사	
(자산) 현금 외상매출금 받을어음 소모품 비품 차량운반구 건물 토지 (비용) 급료 임차료 이자비용 소모품비	(부채) 외상매입금 지급어음 미지급금 차입금 (자본금) 자본금 이익잉여금 (수익) 용역매출 이자수익

학습용어

1. 회계의 분류 : 영리(기업)와 비영리(학교, 종교)
2. 회계단위와 기간 : 회계단위(장소적 범위)와 회계기간(회계연도)
3. 회계 5가지 개념 : 자산, 부채, 자본, 수익, 비용
4. 단식과 복식회계 : 가계부, 개인기록장(자기만 알 수 있게)
   양쪽으로 기록(일정원리 원칙에 맞게, 차변, 대변)
5. 재화 : 금전적 가치가 있는 모든 물건을 말한다.
   - 채권 : 받을 권리를 말한다.

학습토론

1. 기업회계 이해

2. 영리와 비영리 구분

3. 회계 5단계

4. 회계등식 재무와 손익

5. 회계기간과 단위

제4장 거래의 기장 이해

제1절 회계상의 거래

1. 거래의 의의와 종류

회계상 거래란 기업의 자산, 부채, 자본의 증감변화를 일으키는 모든 경제적 사항을 말한다. 또한 비용과 수익의 발생도 결국은 자산과 부채를 증감, 변동시키기 때문에 거래가 된다. 즉 기업에서 발생하는 자산과 부채 및 자본의 증감변화를 일으키는 모든 사항을 거래라 한다.

그러나 회계상 거래는 일상생활에서 통용되는 거래의 의미와 대부분 일치하지만 반드시 일치하지는 않는다. 즉 화재로 인한 건물의 소실은 일상적으로는 거래라고 하지 않지만 회계상에서는 자산의 감소와 비용이 발생하였으므로 거래로 인정된다.

부기상의 거래인 것	부기상의 거래가 아닌 것
• 현금을 분실하다 • 상품 및 자산을 도난당하다 • 건물, 기계 등의 가치가 감소하다 • 화재로 건물이 소실되다 • 거래처의 파산으로 매출채권이 대손되다 • 점주가 회사의 상품을 사용하다 • 토지, 건물 등을 기증받다 • 현금을 출자하여 영업을 개시하다	• 상품을 주문하다 • 종업원을 채용하다 • 상품 및 물건 등의 매매계약을 체결하다 • 점포의 임대차계약을 체결하다 • 은행에서 현금을 차입하기로 약속하다 • 수탁인에게 상품매입을 위탁하다 • 상품을 창고회사에 맡기다 • 은행과 당좌차월계약을 체결하다

☞ 상품의 매매, 건물의 구입, 현금의 대여, 어음의 발행 등은 부기상 거래이자 일상생활의 거래이다.

1) 거래의 의의

회계에서는 자산, 부채, 자본에 증감변화를 일으키는 사항을 모두 거래라 한다.

(1) 회계상의 거래

상품, 비품, 건물의 매매, 채권, 채무의 발생

화재, 도난, 분실에 의한 가치소모 등을 말한다.

(2) 일상생활의 거래

상품의 매매계약, 토지, 건물의 임대차계약 등 자산의 증감변화를 일으키지는 않는다.

2) 부기의 종류, 이중성, 대차평균

기록하는 방법에 따라 일정한 원리와 원칙 없이 현금의 유입과 유출만 장부에 기록하는 '단식부기'와 일정한 원리와 원칙에 의하여 재산이 변화한 원인과 그로 인한 결과를 동시에 기록하는 과학적이고 체계적인 방법인 '복식부기'가 있다.

또한 기업 또는 단체의 목적에 따라 '영리부기와 비영리부기'로 분류된다.

3) 거래의 이중성

거래의 이중성이란 모든 거래가 발생하면 반드시 차변요소와 대변요소가 두 가지 이상 동시에 같은 금액이 발생하는 것을 말한다. 차변과 대변에 대립되는 금액은 항상 같다.

(1) 거래요소의 결합관계

루카 파촐리의 위대한 가정으로서 부기가 성립되기 위한 기본원리이다. 거래가 이루어지면 반드시 어떤 계정의 차변과 또 다른 계정의 대변에 똑같은 금액이 기입되므로 아무리 많은 거래가 기입되더라도 계정 전체를 본다면 차변금액과 대변금액의 합계는 반드시 일치하게 되는데 이 일치관계를 대차평균의 원리라고 한다.

거래요소의 결합관계(거래의 8요소)

차 변 요 소	대 변 요 소
자산의 증가	자산의 감소
부채의 감소	부채의 증가
자본의 감소	자본의 증가
비용의 발생	수익의 발생

2. 거래의 종류

거래는 자산, 부채, 자본, 수익, 비용 중 어디에 증감변화가 일어나는가에 따라 나눈다. 거래는 손익의 발생여부에 따라 교환거래, 손익거래 및 혼합거래로 나누어지고, 현금의 수지 면에서 현금거래(입금거래, 출금거래)와 대체거래로 나눌 수 있다.

1) 교환거래

수익・비용이 발생하지 않고 자산・부채・자본만이 서로 증감하는 거래

2) 손익거래

비용이나 수익이 발생하고 다른 한쪽은 자산・부채・자본의 증감이 발생

3) 혼합거래(교환거래 + 손익거래)

한 거래에 교환거래와 손익거래가 결합되어 발생하는 거래

4) 대체거래

현금을 주고받지 않는 거래로서

(1) 입금거래 : 현금이 수입되는 거래

(2) 출금거래 : 현금을 지급하는 거래

(3) 대체거래 : 현금의 수지를 수반하지 않는 거래로서 완전대체거래와 일부대체거래가 있다.

① 외부거래 : 대부분의 일반적인 거래를 말하며 외부에서 발생하는 구입거래와 판매거래가 있다.

② 내부거래 : 기업 내부에서 발생하는 본점과 지점과의 거래나 공업부기에서 제품의 생산과정에서 발생하는 거래를 말한다.

③ 교환거래 : 자산, 부채, 자본의 증감거래만 발생하고 비용, 수익은 발생하지 않는 거래를 말한다.

④ 손익거래 : 수익이나 비용이 발생하는 거래

⑤ 혼합거래 : 교환거래와 손익거래가 혼합되어 발생하는 거래를 말함

5) 거래의 이중성

거래의 구성요소를 분석하면, 반드시 원인과 결과와의 결합관계를 알 수 있다. 즉 회계상 일어나는 거래는 반드시 짝을 이루는 두 가지 이상의 사실로 규정되어 한쪽에 자산의 증감원인이 생기면 다른 편에 같은 금액의 다른 요소의 증감변화가 생기는데 이를 거래의 이중성이라 한다.

예를 들어 관리비 1,000,000원이 농협 통장에 입금되었을 때 차변에 보통예금 1,000,000(자산의 증가) 대변에 미수관리비 1,000,000(자산의 감소)가 나타난다.

차변과 대변 : 회계에서 기장(또는 분개)할 때 왼편을 차변이라 하고, 오른편을 대변이라 한다.

6) 대차평균의 원리

회계는 거래의 이중성에 의하여 차변계정과 대변계정의 동일한 금액으로 기입된다. 그러므로 많은 거래가 발생되어도 모든 거래의 차변금액 합계와 대변금액의 합계는 반드시 일치하게 되는데 이를 대차평균의 원리라 한다.

회계 기입에 있어서는 대차평균의 원리를 이용하여 전체계정의 차변합계와 대변합계의 일치여부를 확인함으로써 장부기록의 경우를 검증할 수 있는데 이것을 복식부기의 자기검증기능이라고 한다.

3. 거래의 8요소

부기상의 거래를 발생 요소별로 분류하면, 자산의 증가와 감소, 부채의 증가와 감소, 자본의 증가와 감소, 비용의 발생, 수익의 발생이라는 8가지 요소가 되는데, 이를 거래의 8요소라 한다. 주의할 것은 거래가 발생하면 반드시 차변과 대변의 요소가 결합하여 나타나며, 차변요소끼리 또는 대변요소끼리는 절대로 결합이 이루어지지 않는다는 것이다.

차변	대변
자산의 증가	자산의 감소
부채의 감소	부채의 증가
자본의 감소	자본의 증가
비용의 발생	수익의 발생

1) 부기의 기초 원리로서 모든 회계의 기본이 된다

차변에 자산의 증가가 나타나면 반대요소의 대변에는 자산의 감소, 부채의 증가, 자본의 증가, 수익의 발생 중 반드시 하나가 나타난다.

2) 거래의 예시

(1) 1월 15일에 정화조 모터를 300,000원에 제일모터에 수리하다.

차변 (수선유지비 300,000) (비용 발생)　　대변 현금 300,000 (자산 감소)

(2) 1월 31일 관리비 40,000,000원이 발생하여 1월분을 마감한다.

대변 (미수관리비 40,000,000) (자산 증가)　　차변 (관리비수입 40,000,000) (수익 발생)

* 간혹 미수관리비와 미부과 관리비를 통합하여 사용하는 경우도 있고, 구

분하여 사용하는 경우도 있는데 추후에 설명하고자 한다.

(3) 2월 25일 2월분 급여 10,000,000원이 농협에서 자동이체된다.

대변 (급여 10,000,000) 차변 (보통예금 10,000,000)

(비용 발생) (자산 감소)

실제의 거래는 거래의 8요소가 일정한 관계에 의하여 결합되는 관계를 말한다.

실제의 거래의 8요소가 일정한 관계에 의하여 결합되는바, 이것을 거래요소의 결합관계라고 한다. 두 요소는 서로 원인과 결과의 관계에 있고, 항상 양쪽에 같은 금액이 발생하게 된다. 이것을 거래의 이중성이라 하며, 복식회계의 특징이다.

(차변) (대변)

자산의 증가, 감소 *자산의 계정 : 증가를 차변에, 감소를 대변에

부채의 감소, 증가 *부채의 계정 : 증가를 대변에, 감소를 차변에

자본의 감소, 증가 *자본의 계정 : 증가를 대변에, 감소를 차변에

비용의 발생, 소멸 *비용의 계정 : 발생을 차변에, 소멸을 대변에

수익의 발생, 소멸 *수익의 계정 : 발생을 대변에, 소멸을 차변에

결합되는 두 요소는 서로 원인과 결과의 관계에 있고, 양쪽에 같은 금액이 발생하게 된다.

〈계정기록과 재무상태표〉

자산		부채		자본	
증가	감소	감소	증가	감소	증가
잔액			잔액		잔액

재무상태표

자산	부채 자본
자산총계	부채와 자본총계

@자산의 증가는 차변에 기록하고, 부채와 자본 금액을 대변에 나타내기 위해서 부채와 자본의 증가는 대변에 기록하는 것이다.

〈손익계정과 손익계산서〉

비용

증가	감소
잔액	

수익

감소	증가
	잔액

손익계산서

비용	수익
순이익(수익 - 비용)	
비용 + 순이익계	수익계

@수익은 자본(이익잉여금)의 증가를 가져오므로 대변에 기록하고 비용은 반대로 자본(이익잉여금)의 감소를 일으키므로 차변에 기록한다.

비용 + 순이익 = 수익

4. 단계절차

거래 - (분개) - 분개장 - (전기) - 총계정 - T계정마감 - 시산표 - 정산표 - 재무제표, 보고서(재무상태표, 손익계산서, 현금흐름표, 자본변동표, 주석) 등으로 표시한다.

1) 계정의 뜻

거래가 발생하면 자산, 부채, 자본의 증감을 명백히 하기 위해서 같은 종류, 같은 성질의 것을 한 개의 단위로 구별하여 계산한다.

① 계정과목 : 각 계정에 부여된 구체적인 명칭

② 계정계좌 : 각 과목별로 기록, 계산하는 장소

③ 계정의 양식 : 계정의 양식으로 채용되는 것에는 표준식과 잔액식이 있다.

2) 계정의 분류

(1) 재무상태표 계정

① 자산계정(현금, 당좌예금, 받을어음, 외상매출금, 대여금, 상품, 건물 등)

② 부채계정(지급어음, 외상매입금, 미지급금, 차입금계정 등)

③ 자본계정(자본금계정 등)

(2) 포괄손익계산서 계정

① 비용계정(급료, 보험료, 지급이자 등)

② 수익계정(상품매출이익, 수입수수료, 수입이자 등)

(재무상태표 기입방법)

자산계정

증가	감소
+	-

부채계정

감소	증가
-	+

자본계정

감소	증가
-	+

(포괄손익계산서 기입방법)

비용계정

발생	소멸
+	-

수익계정

소멸	발생
-	+

5. 분개장과 원장

1) 분개와 전기

(1) 분개

회계에서는 누락시킬 위험을 사전에 예방하고, 기록을 정확하게 할뿐더러, 거래를 발생한 순서에 따라 한눈에 알아볼 수 있도록 하기 위하여 복식부기의 원리에 따라 회계거래들을 기록하도록 하고 있다. 이러한 과정을 회계상의 거래로 정리하여 차변과 대변에 관련 계정을 지정하고 거래금액을 기입하는 절차를 말한다.

① 어느 계정에 기입할 것인가

② 그 계정의 차변에 기입할 것인가

③ 기입할 금액은 얼마인가를 결정하는 절차를 분개라고 한다.

예 참고이해

(거래) 현금 ₩100,000을 투자하여 영업 개시하다.

(분개) (차변) 현금 ₩100,000 // (대변) 자본금 ₩100,000

(전기)

현금

자본금 100,000	

자본금

	현금 100,000

(2) 전기

분개장의 거래들을 해당 계정에 옮겨 적는 것을 전기라고 한다.

분개기입이 끝나면, 분개의 차변에 있는 계정은 그 계정의 차변에 기입하고, 대변에 있는 계정은 그 계정의 대변에 기입한다.

이와 같이 분개를 옮겨 적는 것을 전기라고 한다.

예 (거래) – 상품 ₩35,000을 현금으로 매입하다.

(분개) – (차변) (대변)

상품 35,000 현금 35,000

(전기) –

(차)	상품	(대)
35,000		

(차)	현금	(대)
		35,000

예문을 분석하고 분개하라.

① 갑과 을은 각각 현금 ₩5,000을 출자하여 국수집을 개업하였다.

분석 : 현금증가(자산), 자본금증가(자본)

분개 : (차)현금 : 10,000 (대)자본금 : 10,000

② 은행에서 현금 ₩50,000을 융자받았다.

분석 : 현금증가(자산), 차입금증가(부채)

분개 : (차)현금 : 50,000 (대)차입금 : 50,000

③ 영업장 임차료 1개월분 ₩4,500을 현금으로 지급하였다.

분석 : 임차료(비용) 발생, 현금(자산) 감소

분개 : (차)임차료 : 4,500 (대)현금 : 4,500

④ 토지 ₩30,000짜리를 현금 ₩10,000과 은행에서 추가로 차입한 ₩20,000을 합하여 구입하였다.

분석 : 토지증가(자산), 현금감소(자산), 차입금(부채)증가

분개 : (차)토지 : 30,000 (대)현금 : 10,000

차입금 : 20,000

⑤ 주방 장비 ₩20,000짜리를 외상으로 구입하였다.

분석 : 장비(자산)증가, 매입채무(부채)증가

분개 : (차)장비 : 20,000 (대)매입채무 : 20,000

예문을 분개에서 전기하라.

① 분개 : 5/1 (차)현금 : 10,000 (대) 자본금 : 10,000

전기 : 현 금 자본금

---------//--------- ---------//---------

5/1자본금10,000 5/1 현금10,000

@ 장부기입 약자 참고하세요.

₩(원), 분면(분개장 면수), @(단가), 차(차변, Dr), 대(대변Cr), √(Cheak mark, 기장완료), #(제○호), 약어(약속어음), 원면(원장 면수), 환어(환어음)

6. 총계정원장

분개장에 기록된 거래를 각 계정별로 구분하여 기입 정리하는 장부로서 원장에 전기한 계정별 기록은 기업의 재무상태와 손익성과를 표시함에 있어 재무상태표, 손익계산서, 재산목록을 작성하는 데 기초자료가 된다.

@총계정원장의 각 계정 계좌에는 날짜란, 적요란, 분면란, 금액란이 설정되어 있으며, 일반형식에는 표준식과 잔액식이 있다.

(잔액식)

현 금

날 짜		적 요	분면	차 변	대 변	대·차	잔 액
3	1	자본금	1	500,000		차	500,000

(표준식)

현 금

날 짜		적 요	분 면	금 액	날짜	적 요	분면	금 액
3	1	자본금	1	500,000				

7. 장부

각종의 거래를 기록, 계산, 정리하기 위하여 낱장을 적당한 방법으로 정리해 놓은 것을 장부라 하며, 기업의 장부에는 제본식 장부, 카드식 장부, 루스리프식 장부 등이 있다.

장부는 크게 주요부와 보조부로 구별한다.

학습용어

1. 거래 – (분개) – 분개장 – (전기) – 총계정 – T계정마감 – 시산표 – 정산표 – 재무제표
2. 손익거래 : 수익이나 비용이 발생하는 거래
3. 분개와 전기 : 회계상의 거래를 정리하여 차변과 대변, 분개를 옮겨 적는 것을 전기라고 한다.
4. 거래의 이중성 : 차변합계금액과 대변합계금액 반드시 일치
5. 거래 : 재산상태에 변동 발생

학습토론

1. 토론

회계상의 거래는 O표, 아닌 것은 ×표를 하라.

① 상품 5,000원의 주문을 받다. (×)

② 수수료 1,500원을 현금으로 받다. (O)

③ 건물 500,000원을 월세 100,000원에 빌리기로 하다. (×)

④ 상품 20,000원을 도난당하다. (O)

⑤ 보험료 15,000원을 현금으로 지급하다. (O)

2. 토론

교환거래 O표, 손익거래 ×표, 혼합거래 *표를 하라.

① 전보요금 1,000원을 현금으로 지급하다. (×)

② 상품 25,000원을 외상으로 매입하다. (O)

③ 대여금 10,000원과 이자 500원을 현금으로 받다. (*)

④ 상품 50,000원을 외상으로 매출하다. (O)

⑤ 수수료 7,000원을 현금으로 받다. (×)

연습문제

1. 거래가 무엇인지 설명하시오.

2. 회계단위와 기간을 설명하시오.

3. 회계의 5가지 개념을 설명하시오.

4. 거래의 종류를 설명하시오.

5. 회계상거래와 일상생활상거래의 차이를 설명하시오.

6. 회계복식과 단식을 설명하시오.

제5장 계정의 분류와 이해

제1절 자산, 부채의 분류

1. 자산의 분류

자산은 1년을 기준으로 아래와 같이 분류한다.

(1) 유동자산 : 1년 이내 현금화

① 당좌자산 : 판매과정 없이 즉시 현금화할 수 있는 자산

② 재고자산 : 판매과정을 통해 현금화할 수 있는 자산

(2) 비유동자산 : 1년 이상 장기

① 투자자산 : 장기투자를 목적으로 보유하고 있는 자산

② 유형자산 : 장기간 동안 영업활동에 사용할 목적으로 취득한 것으로 구체적인 형체가 있는 자산

③ 무형자산 : 영업활동에 사용할 목적으로 취득한 것으로 구체적인 형체가 없는 자산

④ 기타 비유동자산 : 투자수익이 없으며 투자자산, 유형자산, 무형자산으로 분류하기 어려운 비유동자산

2. 부채의 분류

(1) 부채 : 빚

(2) 부채 : 1년 기준 단기와 장기 채무

① 유동부채 : 1년 이내에 갚아야 하는 단기채무

- 종류 : 외상매입금, 지급어음, 단기차입금, 미지급금, 선수금, 가수금, 미지급 비용 등

② 비유동자산 : 상환기간이 1년 이상인 장기채무

- 종류 : 사채, 장기차입금, 퇴직급여충당부채, 장기매입채무 등

3. 현금

(1) 현금 : 돈을 말한다.

① 한국은행에서 발행된 지폐나 주화(동전)를 말한다.

② 통화대용증권 : 타인발행수표(동점발행수표), 자기앞수표, 가계수표, 우편환증서, 송금수표, 기한이 도래한 공·사의 이자표, 일람출금어음, 우편대체예금환급증서, 국고지급통지서, 배당금영수증, 여행자수표 등을 말한다.

* 돈은 아닌데 현금처럼 쓴다.

예문 1) 업무용 컴퓨터 1대를 250,000에 구입하고, 대금은 소지하고 있던 자기앞수표로 지급하다.

분개) 차) 비품 : 250,000 // 대) 현금 : 250,000

예문 2) 동국상점에 상품 200,000(원가 150,000)을 매출하고, 대금은 동점 발행 당좌수표로 받다.

분개) 차) 현금 : 200,000 // 대) 상품 : 150,000

상품매출이익 : 50,000

제2절 보조기입장

1. 현금출납장

현금출납장

월일		적요	수입	지출	잔액
4	1	전월이월	200,000		200,000
	3	상품매입대금지출		100,000	100,000
	18	상품매출대금수입	350,000		450,000
	27	종업원급여 지급		200,000	250,000
	30	차월이월		250,000	
5	1	전월이월	250,000		250,000

2. 당좌예금 출납장

거래란 당좌예금을 갖고 있는 기업이 상거래 등을 위해 발행하는 약속어음이나 당좌수표 등의 지급업무를 은행에 위탁해서 거래하는 것이다. 법인이나 사업자등록증을 가진 개인만이 당좌를 개설할 수 있다.

당좌예금 출납장

날짜		적 요	예 입	인 출	차·대	잔 액
4	1	전월이월	50,000		차	50,000
	4	상품매출대금	70,000		차	120,000
	12	상품매입대금		200,000	대	80,000
	23	현금매입	200,000		차	120,000

* 차) 당좌예금에서 인출되고(자기자본)

* 대) 당좌차월에서 인출된다.(은행부채) 그리고 차변과 대변을 뜻한다.

분개) 4/4 차) 당좌예금 70,000 // 대) 상품 70,000

4/12 차) 상품 200,000 // 대) 당좌예금 120,000

당좌차월 80,000

4/23 차) 당좌차월 80,000 // 대) 현금 200,000

당좌예금 120,000

3. 현금성자산계정

① 현금성자산

- 3개월 이내에 현금화할 수 있어야 한다.
- 현금, 당좌예금, 현금성자산은 모두 통합하여 작성한다.
- 재무상태표에서 현금 및 현금성자산이라 작성한다.

② 요구불예금

- 요구하면 즉시 지불한다.

예 당좌예금과 보통예금이 있다.

③ 소액현금제도

- 사무실 경비 사용 시 잔금 사용 편의 위해 = 용도계
- 작성하는 표를 말한다. 일정한 금액을 미리 내주고 차후에 보고받는다.

4. 계정기입법칙

1) 계정의 정의

거래가 발생하면 자산, 부채, 자본에 변동이 일어난다. 이 경우 각 요소의 변동내용을 명확히 기록, 계산하기 위해서는 각 항목별로 구체적인 장소가 필요한데 이렇게 특정하게 기록, 계산하는 장소적 단위를 계정(account, a/c)이라고 하며 계정의 명칭을 계정과목, 계정기입의 장소를 계정계좌라고 한다. 즉 같은 종류, 같은 성질의 것을 한 개의 단위로 구별하여 계산한다.

또한 계정계좌는 좌우 2개의 계산장소가 있는데 계정의 왼쪽을 차변(Debit, Dr), 오른쪽을 대변(Credit, Cr)이라 한다.

우리가 일상생활에서 사용하는 용어가 회계상 어떤 계정과목으로 사용되는지 알아보자.

일상생활용어	계정과목(회계상 명칭)
돈, 자기앞수표	현금 및 현금성자산
외상대금으로 받을 돈	외상매출금 또는 매출채권
외상으로 갚을 돈	외상매입금 또는 매입채무
택시비, 버스비	교통비
은행 빚	차입금
자동차, 트럭	차량운반구

회계를 잘하기 위해서는 자산, 부채, 자본, 수익 및 비용에 속하는 각 계정과목을 알아야 한다.

① 계정과목 : 각 계정에 부여된 구체적인 명칭

② 계정계좌 : 각 과목별로 기록, 계산하는 장소

③ 계정의 양식 : 표준식과 잔액식의 두 가지가 있다.

2) 계정의 분류

계정은 기업의 성질 또는 사업의 실태에 따라 여러 가지로 분류할 수 있으나 그 가운데 가장 합리적이고 이해하기 쉬운 방법은 대차대조표계정과 손익계산서계정으로 나누어 분류·정리하는 것이다.

이 방법은 미국에서 주로 행하여지고 있으므로 미국식 계정분류라 부르기도 하고 현행 기업회계기준에서도 이 분류법을 채택하고 있다.

계정의 분류		계정과목
B/S 계정	자산계정	현금, 매출채권, 대여금, 선급금, 상품, 건물, 기계장치 등…
	부채계정	매입채무, 단기차입금, 사채, 미지급금, 선수금 등…
	자본계정	자본금, 자본잉여금, 이익잉여금, 자본조정 등…
I/S 계정	수익계정	상품매출이익, 임대료, 이자수익, 유가증권처분차익 등…
	비용계정	급여, 임차료, 감가상각비, 대손상각비, 이자비용 등…

- 자산이란 : 자산은 특정의 경제실체가 과거의 거래나 사건의 결과로서 획득했거나 통제하고 있는 미래의 경제적 효익(용역잠재력)을 말한다.
- 부채란 : 부채는 과거의 거래나 경제적 사건의 결과로서 미래의 특정 경제실체가 다른 경제실체에 자산을 이전하거나 용역을 제공해야 할 현재 시점의 의무로부터 발생하는 미래의 경제적 의무(경제적 효익의 희생)라고 한다.
- 자본이란 : 기업이 소유하고 있는 자산에서 부채를 차감한 잔액(순자산)을 말한다. 즉 부채가 기업자산에 대한 채권자 지분을 의미한다면, 자본은 기업자산에 대한 출자자 지분을 의미한다.(소유주지분 또는 주주지분)

3) 계정과목

자산, 부채, 자본, 수익, 비용 등의 분류만으로는 기업에서 발생하는 각종의 거래를 구체적으로 기록 계산할 수 없으므로 복식회계에서는 이들을 형태, 성격에 따라 세분하여 기록, 계산의 단위로 상계된다.

이와 같이 복식회계에서 설정되는 기록, 계산의 단위를 계정이라 하며, 계정의 이름을 계정과목, 계정기입의 장소를 계정계좌라고 부른다. 각 계정계좌에는 좌우로 두 개의 기입란을 두게 되는데 왼쪽을 차변 오른쪽을 대변이라 한다. 약식 계정개좌는 다음과 같다.

(차변) ○○ 계정	(대변)
왼쪽 차변항목 기록	오른쪽 대변항목 기록

모든 거래는 자산, 부채, 자본계정 및 수익과 비용계정 중 각 해당 계정에 영향을 미치기 때문에 그 변동사항에 따라 해당 계정의 차변이나 대변에 기록한다는 것을 배웠다. 이때 기록하는 각 계정은 구체적인 명칭을 갖는데 이를 계정과목이라고 한다.

계정과목을 사용하는 이유는 같은 성질을 가진 자산(재산)이나 부채를 명확히 구분할 수 있으며, 회계처리와 회계보고서를 만들 때 편리하기 때문이다.

회계를 잘하기 위해서는 각각의 계정과목을 알아야 한다.

일상용어	회계용어(계정과목)
자기앞수표, 돈	현금 및 현금성자산
외상대금으로 받을 돈	외상매출금, 매출채권
외상으로 갚을 돈	외상매입금, 매입채무
버스비, 택시비	교통비
은행 빚	차입금
자동차, 트럭	차량운반구

4) 자산의 계정과목

자산은 기업이 보유한 금전적 가치가 있는 재산을 말한다. 재산의 종류에 따라 다음과 같은 계정과목을 참고하자.

자산의 계정과목	계정과목 설명
현금	현금 및 현금성자산으로 통합한다.
예금(당좌예금, 정기예금, 보통예금)	현금 및 현금성자산으로 통합한다.
상품 또는 재고자산	재고자산 밑에 상품, 제품, 원재료식으로 나눔
소모품	문방구와 같은 사무용품 등
유가증권	재무상태표에는 다른 명칭으로 구분
외상매출금 또는 매출채권	외상으로 상품을 팔거나 서비스를 제공한 경우
받을어음 또는 매출채권	어음을 받고 상품을 판 경우
미수금	상품 이외의 비품 등을 외상판매한 경우
단기대여금	현금을 빌려주고 1년 이내에 받을 돈
건물	공장건물, 사무실건물
비품	컴퓨터, 책상 등
차량운반구	승용차, 트럭 등
토지	회사가 소유하는 땅
특허권	특허를 얻기 위해 들어간 돈
영업권	보통 권리금이라고 하여 웃돈을 준 것임
장기금융자산	1년 이상 만기인 CD 등
투자부동산	사업에 사용하는 것이 아닌 토지
장기대여금	현금을 빌려주고 1년 이후에 받을 돈

5) 부채의 계정과목

부채는 다른 사람에게 빌린 돈처럼 앞으로 갚아야 할 빚이나 채무를 말한다.

자산의 계정과목	계정과목 설명
사채	회사가 회사채를 발행해서 빌린 돈
퇴직급여채무	직원 퇴직 시 지급할 돈
장기차입금	은행 등에서 빌린 돈으로 1년 이후에 갚을 돈
미지급임차료	집세가 밀린 경우
미지급급료	지급하지 않은 급료
미지급금	상품 이외 비품, 소모품 등 외상으로 구입
단기차입금	은행에 1년 이내에 갚을 돈
외상매입금 또는 매입채무	상품 등 외상으로 구입
지급어음 또는 매입채무	상품 등을 구입하고 어음을 발행하는 경우

6) 자본의 계정과목

자본은 자산에서 부채를 빼고 남은 돈으로 기업의 주인에게 돌아갈 몫(지분)을 말한다.

자산의 계정과목	계정과목 설명
주식발행초과금	주식의 액면가액을 초과해서 주주가 출자한 경우(액면초과액)
자본금	주주가 출자한 돈으로 주식의 액면가액
이익잉여금	영업으로 벌어들인 순손익을 기록하는 계정

7) 수익의 계정과목

기업이 수익사업을 통해 벌어들인 돈을 말한다.

자산의 계정과목	계정과목 설명
이자수익	예금이자 등
매출	상품(유통업)이나 제품(제조업)을 판매한 금액
임대료수익	건물 등 임대하고 받는 돈

8) 비용의 계정과목

기업의 비용은 사업을 위해 사용한 돈을 말한다.

자산의 계정과목	계정과목 설명
접대비	거래처 접대비용
차량유지비	기름, 정비, 주차료 등
복리후생비	종업원 식대, 경조금, 회식비
임차료	매장 임차비용
급여	종업원에게 지급한 월급, 임금
매출원가	판매한 상품이나 제품의 원가

9) 계정과목표

기업이 회계기록을 편리하게 하기 위하여 자산, 부채, 자본, 수익 및 비용의 세부계정과목 명칭과 계정번호를 정리하여 하나의 표로 만든 것을 말한다.

계정과목표	
(자산) 현금 외상매출금 받을어음 소모품 비품 차량운반구 건물 토지 (비용) 급료 임차료 이자비용 소모품비	(부채) 외상매입금 지급어음 미지급금 차입금 (자본) 자본금 이익잉여금 (수익) 용역매출 이자수익

5. 계정계좌

1) 계정

계정 : 거래의 기록을 위해 설정되는 기록, 계산의 단위를 말한다.

자산, 부채, 자본, 수익, 비용 등의 분류만으로는 기업에서 발생하는 각종의 거래를 구체적으로 기록계산할 수 없으므로 복식회계에서는 이들을 형태, 성격에 따라 세분하여 기록, 계산의 단위로 삼게 된다.

이와 같이 복식회계에서 설정되는 기록, 계산의 단위를 계정이라 하며 계정의 이름을 계정과목, 계정기입의 장소를 계정계좌라고 부른다. 각 계정계좌에는 좌우로 두 개의 기입란을 두게 되는데 왼쪽을 차변, 오른쪽을 대변이라 한다. 약식의 계정계좌는 다음과 같다.

(차변) ○○계성 (대변)

---//---

계정기입의 법칙

각 계정에 기입되는 모든 거래는 증가와 감소 또는 발생과 소멸 등의 서로 반대되는 두 가지 측면을 가지고 있다. 각 계정과목의 증감과 발생이 각 계정의 차변과 대변에 어떻게 기입되는가를 나타낸 것을 "계정기입의 법칙"이라 한다.

〈계정기입의 법칙〉

• 대차대조표 자산계정 : 증가를 차변에, 감소를 대변에 기입한다.
• 부채계정 : 증가를 대변에, 감소를 차변에 기입한다.
• 계정 자본계정 : 증가를 대변에, 감소를 차변에 기입한다.
• 손익계산서 수익계정 : 발생을 대변에, 소멸을 차변에 기입한다.
• 계정 비용계정 : 발생을 차변에, 소멸을 대변에 기입한다.

◎ "계정기입의 법칙"은 "분개의 법칙"과 일치하므로 매우 중요한 법칙이다.

2) 계정 기입방법

자산계정	
증가(+)	감소(-)

부채계정	
감소(-)	증가(+)

자본계정	
감소(-)	증가(+)

(차변) 재무상태표 (대변)

자산	부채 자본
자산총계	부채와 자본총계

비용계정	
발생(+)	소멸(-)

수익계정	
소멸(-)	발생(+)

(차변) 손익계산서 (대변)

비 용	수 익
순이익(수익 - 비용)	
비용 + 순이익계	수 익 계

〈거래 8요소〉

다음 거래에 대하여 거래 8요소의 결합으로 표시하시오.

① 은행에서 5,000,000원을 빌리다.

풀이) 차) 자산증가(현금) 5,000,000 // 대) 부채증가(차입금) 5,000,000

② 컴퓨터를 300,000원에 현금으로 구입하다.

풀이) 차) 자산증가(비품) 300,000 // 대) 자산감소(현금) 300,000

③ 상품 200,000원을 외상으로 구입하다.

풀이) 차) 자산증가(상품) 200,000 // 대) 부채증가(외상매입금) 200,000

④ 점포 임차료 700,000원을 지급하다.

풀이) 차) 비용증가(임차료) 700,000 // 대) 자산감소(현금) 700,000

⑤ 상품 1,500,000원을 어음을 받고 판매하다.

풀이) 자산증가(받을어음) 1,500,000 // 대) 수익증가(매출) 1,500,000

3) 계정의 분류

자산, 부채, 자본, 비용, 수익 계정을 말한다.

계정은 그 기록계산의 대상항목이 자산, 부채, 자본, 수익, 비용 중 어디에 속하는가에 따라 자산의 계정, 부채의 계정, 자본의 계정, 수익의 계정, 비용의 계정 등으로 구분할 수 있다. 그중 자산・부채・자본의 계정은 결산재무상태표에 기재되므로 재무상태표계정이라 하고 수익・비용의 계정은 손익계산서에 기재되므로 손익계산서계정이라 한다.

(1) 재무상태표계정

① 자산계정 : 현금, 외상매출금, 상품 등

② 부채세정 : 외상내입금, 사입금 등

③ 자본계정 : 자본금계정 등

(2) 포괄손익계산서계정

① 비용계정 : 급료, 지급이자 등

② 수익계정 : 상품매출이익, 수입수수료계정 등

※ 대차평균의 원리 : 모든 거래의 차변과 대변 금액은 일치해야 한다.

4) 계정기입법칙

거래는 반드시 거래요소인 결합관계표의 왼쪽과 오른쪽으로 분해되어 차변의 요소는 관계되는 계정의 차변에 대변의 요소는 관계되는 계정의 대변에 기입된다. 이러한 관계를 계정기입법칙이라 한다.

(차변)	(대변)
자산의 증가, 감소	*자산의 계정 : 증가를 차변에, 감소를 대변에
부채의 감소, 증가	*부채의 계정 : 증가를 대변에, 감소를 차변에
자본의 감소, 증가	*자본의 계정 : 증가를 대변에, 감소를 차변에
비용의 발생, 소멸	*비용의 계정 : 발생을 차변에, 소멸을 대변에
수익의 발생, 소멸	*수익의 계정 : 발생을 대변에, 소멸을 차변에

결합되는 두 요소는 서로 원인과 결과의 관계에 있고, 양쪽에 같은 금액이 발생하게 된다.

제3절 기록, 계산, 정리한 장부

1. 장부

각종 거래를 기록, 계산, 정리하기 위하여 낱장을 적당한 방법으로 정리해 놓은 것을 장부라 한다. 즉 거래가 발생하면 분개장이나 전표에 분개를 한 후 총계정원장의 각 계정에 전기를 한다. 이때 사용되는 분개장이나 총계정원장을 회계장부라고 한다. 이외에도 현금출납장과 재고자산수불부 등 보조원장이 있다.

• 장부의 종류 : 장부는 그 기록의 목적 범위 등에 따라 주요부와 보조부로

구분한다.

- 주요부 : 기업경영을 총괄적으로 파악하고, 재무제표를 작성하는 기초로 하기 위하여, 모든 거래를 주로 금액적으로 기록하는 장부로서 분개장과 총계정원장으로 구별한다.
- 보조부 : 주요부의 특정한 계정과목의 내용을 상세히 기록함. 기록상의 부족을 보충하는 장부이다. 분개장의 보조적 역할을 하는 보조기입장과 총계정원장의 보조적 역할을 하는 보조원장이 있다.

1) 분개장

(1) 분개(Journalizing)란

모든 거래에 분개를 행사하는 주요부를 분개장이라고 한다. 분개장은 모든 영업활동의 역사적 개요를 나타내며, 원장기록의 기초가 된다.

거래가 발생하면 그 사실을 총계정원장에 직접기입하기 전에 미리 총계정원장 ① 어느 계정에 ② 어느 변에 ③ 얼마의 금액을 기입할 것인가를 결정하여 기록하는 것을 말하며, 이 장부를 분개장(영업일기장)이라고 한다.

따라서 분개의 절차는 ① 구체적인 계정과목을 결정하고 ② 차변요소와 대변요소를 결정하여 ③ 양변에 같은 금액을 기록하는 순으로 이루어진다.

〈거래의 분개〉

거래를 분개하시오.

① 2월 1일 : 건설회사를 설립하고 주주들이 5,000,000원을 납입하다.

② 2월 5일 : 소모품 1,000,000원을 구입하다. 이 중 600,000원을 현금지급하고 400,000원을 외상으로 하다.

③ 2월 6일 : 은행에서 1,000,000원을 대출받았다.

④ 2월 10일 : 컨설팅 서비스를 수행하고 700,000원을 받다.

⑤ 2월 11일 : 임차료 200,000원을 지급하다.

⑥ 2월 16일 : 소모품 외상구입대금 중 70,000원을 갚다.

⑦ 2월 25일 : 직원급여 500,000원을 지급하다.

⑧ 2월 27일 : 컨설팅 서비스 5,000,000원을 수행하였으나 거래처에서 한 달 후에 갚기로 하다.

〈풀이〉

① 2/1 (차)현금	5,000,000	(대)자본금	5,000,000
② 2/5 (차)소모품	1,000,000	(대)현금	600,000
		미지급금	400,000
③ 2/6 (차)현금	1,000,000	(대)차입금	1,000,000
④ 2/10 (차)현금	700,000	(대)용역매출	700,000
⑤ 2/11 (차)임차료	200,000	(대)현금	200,000
⑥ 2/16 (차)미지급금	70,000	(대)현금	70,000
⑦ 2/25 (차)급여	500,000	(대)현금	500,000
⑧ 2/27 (차)외상매출금	5,000,000	(대)용역매출	5,000,000

(2) 전기(Posting)

거래가 발생하여 분개장에 분개의 기입이 끝나면, 분개의 차변에 있는 금액은 총계정원장의 차변에, 분개의 대변에 있는 금액은 총계정원장의 대변에 각각 옮겨 기입한다. 이와 같이 분개장에 기록된 거래를 총계정원장의 각 계정계좌에 옮겨 적는 절차를 '전기(轉記)'라고 한다.

〈전기하는 절차〉

① 분개된 차변금액은 원장의 해당 계정의 차변에 기입하되 계정과목란(적요)에는 상대계정과목을 기입한다.

② 분개된 대변금액은 원장의 해당 계정의 대변에 기입하되 계정과목란

(적요)에는 상대계정과목을 기입한다.

③ 상대계정과목이 두 개 이상일 때는 '제좌'라고 기입한다.

2) 총계정원장

(1) 총계정원장의 정의

분개장에서 분개기입이 끝나면 자산, 부채, 자본, 수익, 비용에 속하는 각 해당계정에 거래를 옮겨 적여야 하는데 이들 모든 계정이 설정되어 있는 장부를 총계정원장 또는 원장이라고 하며 분개장과 함께 주요 장부에 해당된다.

원장에는 거래의 기록에 필요한 모든 계정이 설정되어 있으므로, 차후에 대차대조표와 손익계산서를 작성하는 데 기초 장부가 된다.

〈T계정의 예〉

분개) : (1) 2.1 (차) 현금 5,000,000 (대) 자본금 5,000,000

원장 :

(차)	현금		(대)
2.1	5,000,000		

(차)	자본금		(대)
		2.1	5,000,000

3) 회계장부

(1) 주요 장부

① 분개장 : 거래를 발생 순서대로 처음부터 끝까지 기록하는 중요한 장부로서 원시장부라고도 한다. 즉 분개는 일반적으로 분개장에 기록한다.

〈분개장의 예〉

일자	계정과목 및 설명	원면	차변	대변
20**.7.1	현금 자본금 액면 5,000원의 주식 1,000주 발행	11 31	5,000,000	 5,000,000
7.9	소모품 현금 미지급금 소모품 3,000,000원을 현금 70,000원 지급하고 나머지는 외상으로 구입	14 11 23	3,000,000	 70,000 50,000

(2) 총계정원장

모든 계정계좌를 설정하여, 분계장으로부터의 전기에 의하여 거래를 각 계정별로 기록, 계산하는 주요부를 총계정원장 또는 단순히 원장이라 한다. 모든 영업활동의 결과가 분석, 정리되는 장부로서 재무제표 작성의 기초가 된다.

분개장에 기록된 모든 거래를 계정과목별로 분류·기록함으로써 차후 재무제표작성의 기초가 되는 가장 중요한 장부이다. 따라서 분개장이나 전표에 분개를 기록한 다음 분개내용을 원장에 있는 각 계정에 옮겨 적는데 이를 전기라고 한다.

〈원장 전기기록〉

분개 : (1) 3.1(차) 현금 5,000,000 (대) 자본금 5,000,000

원장 :

현금계정					
일 자	적 요	분 면	차 변	대 변	잔 액
3.1	주식발행	(1)	5,000,000		5,000,000

자본계정					
일 자	적 요	분 면	차 변	대 변	잔 액
3.1	주식발행	(1)		5,000,000	5,000,000

(2) 보조장부

주요 장부를 보조하기 위하여 필요에 따라 작성되며 업무분담과 업무견제 및 확인 역할을 하며 보조기입장과 보조원장으로 나누어볼 수 있다.

① 보조기입장 : 현금출납장, 당좌예금출납장, 소액현금출납장, 매입장, 매출장, 받을어음기입장, 지급어음기입장 등…

② 보조원장 : 상품재고장, 매출처원장, 매입처원장, 적송품원장, 수탁판매원장, 수탁매입원장, 유형자산대장, 비품대장, 주주원장 등…

2. 보조부

① 보조기입장 : 단순히 거래의 구체적 사실을 기입한다.

예 매입장, 매출장, 현금출납장, 당좌예금출납장 등

② 보조원장 : 특정계정의 명세를 작은 계정별로 기록계산하는 보조부이다.

예 매입처원장, 매출처원장, 상품재고장 등이 있다.

3. 장부기록

(거래) — (분개장) — (총계정원장) — (재무상태표, 포괄손익계산서)

(분개) (전기) (결산)

분개장 : 두 가지 기록방식인 병립식과 분할식이 있다.

(병립식)

분개장

날짜		적 요	원면	차 변		대 변
3	1	(현금) (자본금) 현금출자하여 개업하다.	1 2	500,000		 500,000

(분할식)

분개장

차 변	원면	적 요	원면	대 변
500,000	1	3/1 (현금) (자본금) 현금출자하여 개업하다.	2	500,000

4. 분개와 전기

- 분개 : 차변, 대변에 기입할 것인가를 분해하는 것
- 전기 : 거래가 분개되면, 즉시 각 계정계좌에 옮겨 기입해야 한다. 즉 분개를 계정에 옮겨 기입하는 것을 전기라 한다.

예 (거래) 현금 100,000을 투자하여 영업 개시하다.

(분개) (차변) 현금 100,000 // (대변) 자본금 100,000

(전기) 현금 자본금

자본금 100,000 현금 100,000

(현금의 상대과목 작성) (자본금의 상대과목 작성)

예 (거래) 상품 35,000을 현금으로 매입하다.

(차변) (대변)

(분개) 상품 35,000 현금 35,000

(전기) 상품 현금

현금 35,000 상품 35,000

(상대편 계정작성) (상대편 계정작성)

〈예제〉 T계정 기록을 하기하시오.

① 2/1 (차) 현금	3,000,000	(대) 자본금	3,000,000
② 2/5 (차) 소모품	100,000	(대) 현금	60,000
		미지급금	40,000
③ 2/6 (차) 현금	1,000,000	(대) 차입금	1,000,000
④ 2/10(차) 현금	700,000	(대) 용역매출	700,000
⑤ 2/11(차) 임차료	200,000	(대) 현금	200,000
⑥ 2/16(차) 미지급금	30,000	(대) 현금	30,000
⑦ 2/25(차) 급여	500,000	(대) 현금	500,000
⑧ 2/27(차) 외상매출금	2,000,000	(대) 용역매출	2,000,000

〈풀이〉

현금

차변	대변
① 2/1 3,000,000	② 2/5 60,000
③ 2/6 1,000,000	⑤ 2/11 200,000
④ 2/10 700,000	⑥ 2/16 30,000
	⑦ 2/25 500,000

잔액 3,910,000(차변 - 대변)

외상매출금

차변	대변
⑧ 2/27 2,000,000	
잔액 2,000,000	

소모품

차변	대변
② 2/5 100,000	
잔액 100,000	

미지급금

차변	대변
⑥ 2/16 30,000	② 2/5 40,000
	잔액 10,000

차입금

차변	대변
	③ 2/6 1,000,000
	잔액 1,000,000

자본금

차변	대변
	① 3/1 3,000,000
	잔액 3,000,000

용역매출

	④ 2/20 700,000
	⑧ 2/27 2,000,000
	잔액 2,700,000

급여

⑦ 2/25 500,000	
잔액 500,000	

임차료

⑤ 2/11 200,000	
잔액 200,000	

학습토론

1. 예 상품 10,000을 외상으로 매입하다.

(자산)

차변 // 대변

자산의 증가 10,000 // 부채의 증가 10,000

(분개) 상품 10,000 // 외상매입금 10,000

(전기) 상품 외상매입

외상매입 10,000 상품 10,000

2. 예 상품 40,000을 매입하고 대금 중 20,000은 현금으로 지급하고, 잔액은 외상으로 하다.

분개)

상품(자산의 증가) 40,000 // 현금(자산의 감소) 20,000
외상매입금(부채의 증가) 20,000

3. 예 외상매입금 20,000을 현금으로 지급하다.

분개)

외상매입금(부채감소) 20,000 // 현금(자산의 감소) 20,000

4. 분개를 계정에 전기한 뒤 계정집계표를 작성하시오.

현 금	5,000	자 본 금	5,000
상 품	5,000	외상매입금	5,000
외상매입금	4,000	현 금	4,000
외상매출금	5,000	상 품	5,000
현 금	2,000	차 입 금	2,000

(상대편 계정기록주의)

현 금

1. 자본금 5,000	3. 외상매입금 4,000
5. 차입금 2,000	

상 품

2. 외상매입금 5,000	4. 외상매출금 5,000

외상매출금

4. 상품 5,000	

외상매입금

3. 현금 4,000	1. 상품 5,000

차 입 금

	5. 현금 2,000

자 본 금

	현금 5,000

5. 계정집계표

계정집계표

차 변	계정과목	대 변
7,000	현 금	4,000
5,000	외상매출금	
5,000	상 품	5,000
4,000	외상매입금	5,000
	차입금	2,000
	자본금	5,000
21,000		21,000

6. 계정과목 중 자산(A) 부채(B) 자본(c) 수익(D) 비용(E) 등을 ( ) 안에 써 넣으시오.

1. (A) 당좌예금　2. (B) 지급어음　3. (B) 외상매입금
4. (B) 가수금　5. (A) 비품　6. (A) 외상매출금
7. (B) 선수금　8. (A) 부도어음　9. (E) 운반비
10. (E) 여비, 교통비　11. (D) 수입수수료　12. (E) 대손충당금전입액
13. (E) 소모품비　14. (E) 감가상각비　15. (A) 현금

7. 다음을 분개와 전기를 하여라.

4월 1일 건물에 대한 보험료 120,000을 현금으로 납부하다.

분개) 차변) 비용발생 // 대변) 자산감소

전기) (보험료) (현금)

8. 현금 100,000을 은행에서 차입하다.

자) 자산의 증가 // 대) 부채의 증가

(자산의 계정과목이름) // 단기차입금

제4절 검증하기 위한 집계표

1. 시산표

① 시산표의 개념

시산표(trial balance)는 분개한 후 총계정원장에 전기한 내용이 정확하게 되었는지를 알아보기 위해 작성하는 표이다. 시산표는 총계정원장에 있는 모든 계정의 차변금액과 대변금액을 하나의 표로 정리한 것으로 차변합계와 대변합계가 반드시 일치해야 한다.

T/B는 결산할 준비단계로서 분개장으로부터 총계정원장에의 전기가 정확한가를 알기 위하여 작성되는 계정집계표를 시산표라고 한다.

기업의 거래는 분개장에 기입한 후 원장에 전기하게 된다. 모든 거래가 적절하게 분개되고 또 원장에서의 전기가 정확하게 이루어졌다면, 대차평균의 원리에 의해 모든 계정의 차변합계액과 대변합계액은 일치해야 한다. 이렇게 대차평균의 원리를 이용하여 원장기입이 정확한가의 여부를 조사하기 위해서 원장의 각 계정과 금액을 모아 작성한 것을 시산표라고 한다.

총계정원장의 각 계정에 전기가 정확하게 기록되었는가를 대차평균의 원리에 따라 검증하기 위한 집계표이다.

② 시산표의 역할

- 분개와 원장기록의 정확여부 검산
- 계산상태나 영업성적의 개요 파악

③ 시산표의 기능

- 원장 기록의 장부를 검증한다.

- 경영상태의 개요를 파악하는 기능을 한다.
- 회계의 자기검증기능이라 한다.

〈잔액시산표의 양식〉

시산표

20**년 *월 *일 현재

<table>
<tr><td rowspan="3">자산</td><td>부채</td></tr>
<tr><td>자본</td></tr>
<tr><td>(순이익)</td></tr>
<tr><td>비용</td><td>수익</td></tr>
<tr><td>자산 + 비용계</td><td>부채 + 자본 + 수익계</td></tr>
</table>

〈재무제표의 작성〉

(차) 시산표 (대)

계정과목	금액	계정과목	금액
현금	3,950,000	미지급금	50,000
외상매출금	2,000,000	차입금	1,000,000
소모품	100,000	자본금	3,000,000
급여	500,000	용역매출	2,700,000
임차료	200,000		
차변합계	6,750,000	대변합계	6,750,000

(차) 재무상태표 (대)

계정과목	금액	계정과목	금액
자산 :		부채 :	
현금	3,950,000	미지급금	50,000
외상매출금	2,000,000	차입금	1,000,000
소모품	100,000	부채계	1,050,000
		자본 :	
		자본금	3,000,000
		이익잉여금	2,000,000
		자본계	5,000,000
자산총계	6,050,000	부채와 자본총계	6,050,000

(차) 손익계산서 (대)

비용 :		수익 :	
급여	500,000	용역매출	2,700,000
임차료	200,000		
비용계	700,000		
순이익	2,000,000		
비용과 순이익계	2,700,000	수익계	2,700,000

2. 시산표의 종류

작성내용의 관점에 따라 작성

1) 시산표의 형태에 따른 분류

① 합계시산표 : 원장 각 계정의 차변합계액과 대변합계액을 모은 것이다.

차 변	계정과목	대 변
43,000	현 금	8,400
1,800	매출채권	300

② 잔액시산표 : 각 계정의 잔액만을 모아서 하나의 표로 나타낸 것이다.

차 변	계정과목	대 변
34,600	현 금	
1,500	매출채권	

③ 합계잔액시산표 : 합계 시산표와 잔액 시산표를 하나의 표로 제시한 것이다.

차 변		계정과목	대 변	
잔 액	합 계		합 계	잔 액
34,600	43,000		8,400	
1,500	1,800		300	

2) 시산표의 작성시기에 따른 분류

① 정리 전 시산표

② 정리 후 시산표

③ 결산 후 시산표

3. 거래의 이중성

@자기검증기능을 갖는다.

1/1 현금 1,000,000을 출자하여 영업을 개시하다.

차) 현금 1,000,000 // 대) 자본금 1,000,000

1/2 상품 200,000을 외상으로 매입하다.

차) 상품 200,000 // 대) 외상매입금 200,000

현금	자본금
자본금 1,000,000	현금 1,000,000

상품	외상매입금
외상매입금 200,000	상품 200,000

* 차변 합과 대변 합이 일치한다. 분개정확성과 전기정확성 확인 후 하나의 계정집계표가 시산표이다.

4. 잔액시산표

잔액만 모아서 작성한 시산표. (차변과 대변 비교 후 높은 잔액)

잔액시산표

차 변	원 면	계 정 과 목	대 변	
300,000 700,000 - 400,000 = 300,000	1	현금	잔액	
200,000	2	받을어음		
자산 70,000	3	단기 대여금		
300,000	4	상 품		
	5	외상매입금	100,000	부채
	6	자 본 금	700,000	자본
	7	상품매출이익	170,000	
	8	이 자 수 익	30,000	수익
비용 130,000	9	급 여		
1,000,000				1,000,000

5. 시산표 오류

분개~전기에서 오류가 발생한다.

① 한 거래 전체의 분개가 누락되거나 전기가 누락된 경우

② 한 거래의 분개를 대차 반대로 전기한 경우

③ 차변과 대변 금액을 똑같이 잘못 기입한 경우

④ 다른 계정과목으로 분개 또는 다른 계정과목에 전기한 경우

⑤ 한 거래를 이중으로 분개하거나 차변과 대변 양변에 이중 전기한 경우

* 왜! 차 · 대변 똑같이 틀렸으니까.

6. 정산표

정산표는 시산표에 결산, 수정, 분개의 내용을 반영하여 포괄손익계산서와 재무상태표를 보다 정확하고 편리하게 산출할 수 있도록 작성하는 표이다.

정산표는 공식적인 회계보고서가 아니기 때문에 그 작성은 선택적이며, 회계실무에서 편의상 사용하고 있다.

정산표의 작성에는 머리 부분에 회사이름, 정산표라는 본양식의 이름, 기간이 표시된다.

정산표에는 그 금액란의 수에 의하여 6위식, 8위식, 10위식의 세 가지가 있다. 본서는 수정기입의 필요가 없으므로 6위식 정산표에 대하여 배우기로 한다.

정산표

<table>
<tr><th rowspan="2">계정과목</th><th colspan="2">잔액시산표</th><th colspan="2">손익계산서</th><th colspan="2">재무상태표</th></tr>
<tr><th>차변</th><th>대변</th><th>차변</th><th>대변</th><th>차변</th><th>대변</th></tr>
<tr><td rowspan="4"></td><td rowspan="3">기말자산
₩90,000</td><td>기말부채
₩30,000</td><td rowspan="2"></td><td rowspan="2"></td><td rowspan="3">기말자산
₩90,000</td><td>기말부채
₩30,000</td></tr>
<tr><td>기초자본
₩50,000</td><td>기초자본
₩50,000</td></tr>
<tr><td rowspan="2">수 익
₩10,000</td><td>비 용
₩30,000</td><td rowspan="2">수 익
₩40,000</td><td>순이익
₩10,000</td></tr>
<tr><td>비용
₩30,000</td><td>순이익
₩10,000</td><td></td><td></td></tr>
</table>

다음 작성단계를 참고하시오.

① 총계정원장의 잔액을 수정 전 시산표에 기입한다.

② 원장계정의 잔액을 수정 전 시산표에, 계정을 수정분개란에 기입한다.

③ 수정된 원장계정의 잔액을 수정 후 시산표에 기입한다.

④ 수정 후 시산표에 있는 계정잔액을 손익계산서란이나 대차대조표란에

옮겨 적는다.

⑤ 포괄손익계산서란과 재무상태표란의 차・대변 합계를 구하고, 차변과 대변의 합계가 일치하도록 하는 금액을 당기순이익(당기순손실)으로 처리한다.

정산표

20XX년 0월 1일부터
20XX년 0월 31일까지

동국레스토랑 (단위 : 원)

적요	수정 전 시산표		수정 분개		수정 후 시산표		손익계산서		재무상표	
	차변	대변	차변	대변	차변	대변	차변	대변	차변	대변
현금	34,600				34,600				34,600	
매출채권	1,500				1,500				1,500	
선급보험료	2,400			100	2,300				2,300	
식료원재료	600				600				600	
장비	2,000				2,000				2,000	
토지	20,000				20,000				20,000	
매입채무		2,000				2,000				2,000
차입금		48,000				48,000				48,000
자본금		10,000				10,000				10,000
매출		4,500				4,500		4,500		
매출원가	1,400				1,400		1,400			
임차료	2,000				2,000		2,000			
합계	64,500	64,500								
보험료			100		100		100			
합계			100	100	64,500	64,500				
당기순이익							1,000			1,000
합계							4,500	4,500	61,000	61,000

@회계정보의 산출과정에서 모든 거래정보들을 모아놓은 곳이 정산표이다. 편의상 작성하고 있다.

정산표가 정확하게 작성되었다면, 포괄손익계산서와 재무상태표를 작성하면 된다.

포괄손익계산서

동국상사 (단위 : 만 원)

1. 매출액		4,500
2. 재료비		(1,400)
3. 기타 영업비용		
임차료	2,000	
보험료	100	(2,100)
4. 당기순이익		1,000

재무상태표

동국상사 (단위 : 만 원)

자산		부채	
현금	34,600	매입채무	2,000
매출채권	1,500	차입금	48,000
선급보험료	2,300	자본	
식료원재료	600	자본금	10,000
장 비	2,000	이익잉여금	1,000
토 지	20,000		
합 계 61,000		합 계	61,000

@이익잉여금은 기초의 이익잉여금에 당기순이익을 더한 금액 중에서 배당금이나 적립금 등으로 처분한 금액을 차감한 잔액을 기입하는 것이다.

학습용어

1. 계정 : 재산변동을 기록하기 위함
2. 회계기준 : 기업이 지켜야 할 기준. 한국채택국제회계기준(K-IFRS)
3. 자산 : 기업이 보유한 돈, 경제적 가치가 있는 자원
4. 부채 : 남에게 갚아야 할 돈
5. 자본 : 주인의 몫

학습토론

1. 장부에 대하여 설명하시오.

2. 주요부와 보조부를 설명하시오.

3. 분개와 전기란에 대하여 설명하시오.

4. 다음을 분개와 전기하시오.
   예 상품 10,000을 외상으로 매입하다.

5. 시산표와 정산표란에 대하여 설명하시오.

6. 시산표의 종류를 설명하시오.

제6장 재무보고와 재무제표 작성

제1절 결산이해 (1)

1. 재무제표의 의의

특정회계연도의 경영성적과 결산일현재의 재정상태 등을 명백히 하기 위하여는 회기 중에 기록하여 온 각종의 장부를 마감하고 이로부터 손익계산서 대차대조를 작성하게 되는데 이들을 재무제표라 한다.

2. 손익계산서와 재무상태표 작성

1) 손익계산서의 작성

손익계산서는 총계정원장의 손익계정의 내용을 토대로 하여 작성한다. 이때 그 내용을 명백히 하기 위하여 손익계정의 기입 중 매입계정으로부터의 대체액은 매출원가로, 매출계정으로부터와 대체액은 매출액으로 이상 총액법을 전제로 자본금계정의 대체액은 당기순이익 또는 당기순손실(붉은 글씨)로 표시한다.

손 익

매입+++ (기타 비용)++ 자본금+++	매출+++ (기타 수익)++
+++	+++

손익계산서

매출원가+++ (기타 비용)++ 당기순이익+++	매출액+++ (기타 수익)++
+++	+++

2) 재무상태표 작성

재무상태표는 이월시산표 대륙식 결산법의 경우에는 잔액계정의 내용을 토대로 하여 작성한다. 또 총계정원장의 차기이월액을 모아서 작성할 수도 있다. 이때 그 내용을 명백히 하기 위하여 이월상품은 상품으로 자본금은 자본금(기초)과 당기순이익으로 또는 당기순손실로 구분하여 기입한다.

이월시산표

이월상품+++ (기타 자산)++	(부채)+++ 자본금++
+++	+++

대차대조표

상품+++ (기타 자산)++	(부채)+++ 자본금+++
+++	+++

(주) 손익계산서와 당기순이익은 대차 반대로 일치한다.

3. 계정과목별 처리

1) 수익과 비용의 회계처리

(1) 수익 : (자본의 증가) 영업활동의 결과 얻어지는 가치를 수익이라고 한다. 따라서 수익이 발생하면 자본의 출자나 증자에 의하지 않고 자본이 증가된다.

예 상품매출이익, 수입임대료, 수입수수료, 수입이자 등

① 영업수익 : 매출액

② 영업외수익 : 이자수익, 배당금수익, 단기투자자산처분이익, 단기투자자산평가이익, 유형자산처분이익, 잡이익 등을 말한다.

(2) 비용 : (자본의 감소) 기업이 영업활동을 함에 있어 지급되거나 발생하는 금전적 가치를 비용 또는 손실이라 한다. 따라서 비용이 발생하면 자본의 인출이나 감자에 의하지 않고 자본이 감소된다.

예 급료, 광고비, 소모품비, 통신비, 지급이자, 잡비 등

수익총액 - 비용총액 = 순이익 또는 (-)의 경우는 순손실

① 영업비용

- 매출원가 : 기초상품 + 순매입액 - 기말상품
- 판매비와 관리비 : 급여, 운송비, 임차료, 접대비, 감가상각비, 광고비, 연구비 등

② 영업외비용 : 이자비용, 단기투자자산평가손실, 단기매매증권처분손실, 잡손실 등을 말한다.

③ 법인세비용 : 주식회사 세금

4. 포괄손익계산서

1) 이익의 구분 계산

다음은 기능별 형식 포괄손익계산서이다.

손익계산서

매출액	+++
매출원가	(-) +++

매출총이익	+++
판매비와 관리비	(-) +++

영업이익	+++
영업 외 수익	(+) +++
영업 외 비용	(-) +++

법인세 비용차감 전 순이익	+++
법인세 비용	+++

당기순이익	+++

총수익 - 총비용 = 순이익

원인별 → 구체적으로 단계별로 알아보기 위해서이다.

5. 마감

기업은 일정한 경영기간 중에 발생한 모든 거래를 장부에 기록·정리한 다음 고정자산의 감가상각 기말재고 자산의 조사 등에 의하여 일정기간의 경영성적과 일정시점의 재무상태를 명확히 한다. 이때 기업의 재무상태와 경영기간 중의 손익을 산출하는 절차를 결산이라 한다.

제2절 결산이해 (2)

1. 결산의 정의

회계연도 말이 되면 기업은 한 회계기간 동안 얼마나 돈을 벌었는지를 계산하고 회계연도 말(기말)에 보유하고 있는 자산, 부채 및 자본금액을 확정하는 계산작업을 하는데 이를 결산이라고 한다.

결산이란 1회계 기간의 영업성적과 기말 현재의 재무상태를 밝히는 절차를 말한다.

회계연도 말에, 그동안 기장되어 온 장부들을 마감하고, 이로부터 회계연도의 경영성적을 나타내는 손익계산서와 회계연도 말일현재의 재무상태를 나타내는 재무상태표를 작성하는 절차를 결산이라 한다.

1) 재무제표의 종류

일반기업회계기준에 의해 6가지에서 5가지로 나눌 수 있다.

〈재무제표의 종류(5가지)〉

2010년 12월 30일 공표된 일반기업회계기준에 따름

제외된 것(이익잉여금처분계산서 제외됨)

① 재무상태표 : 일정시점의 재무상태(자산, 부채, 자본) 보고

② 손익계산서 : 일정기간의 경영성과 보고

③ 현금흐름표 : 일정기간의 현금 유출입 내역보고

④ 자본변동표 : 자본의 크기 및 그 변동에 관한 정보 보고

⑤ 주석 : 재무제표상 필요한 추가적 정보 별지보고(포스트잇)

2) 결산(結算)의 목적

결산은 발생주의회계의 원칙에 따라 자산, 부채, 자본의 변동 내역과 당기에 해당하는 수익, 비용의 내역을 명확히 밝혀주는 것을 목적으로 한다.

2. 결산절차

결산보고서를 작성하는 절차는 예비절차와 본절차, 그리고 결산보고서 작성의 순으로 그 결산과정을 살펴보면 다음과 같다.

1) 결산예비절차

* 시산표 작성
* 재고조사표의 작성
* 결산정리 분개
* 정산표의 작성

2) 결산본절차

* 총계정원장의 마감
* 이월시산표 작성
* 분개장의 마감

3) 결산보고서 작성

* 손익계산서
* 재무상태표
* 이익잉여금처분계산서 작성
* 현금흐름표 작성
* 제부숙명세서 작성

• 결산은 크게 예비절차와 본절차, 그리고 후절차(재무제표 작성)로 나누어 볼 수 있다.
  - 예비절차 : 시산표 작성 - 재고조사표 작성 - (정산표 작성) - 결산정리의 기입

- 본절차 : ① 원장 각 계정의 마감 : 수익, 비용 계정의 마감 - 집합손익 계정의 마감 - 자산, 부채, 자본계정의 마감
  ② 분개장 및 보조장부의 마감
- 후절차 : 재무제표(결산보고서)의 작성

(1) 결산의 예비절차

회계기간이 종료되면 결산을 하게 되는데 결산에 있어 가장 기초가 되는 절차가 예비절차이다. 예비절차는 다음과 같다.

① 시산표 작성

→ 예비절차에서 가장 먼저 작성하는 보고서이며, 최종적으로 만들어지는 재무제표를 만드는 데 중요한 작업이 되므로 반드시 해야 한다. 시산표란 총계정원장에 기록된 내용이 올바르게 작성되어 있는지 확인하는 계정집계표이다. 시산표의 종류에는 합계시산표, 잔액시산표, 합계잔액시산표가 있다. 시산표는 재무상태표 계정(자산, 부채, 자본)과 포괄손익계산서 계정(수익, 비용)을 모두 기입하게 된다.

② 재고조사표 작성

→ 시산표 작성이 끝나면 재고조사표를 작성해야 하는데 재고조사표란 장부에 기입되어 있는 금액이 실제 금액과 일치하지 않았을 때 장부상의 잔액을 실제잔액으로 맞추어주는 절차를 말한다. 결산정리수정분개라고도 한다. 재고조사표 작성이 끝나면 위에 작성한 시산표(수정 전 시산표에 해당함)를 다시 수정하게 되는데 이를 수정 후 시산표라 한다.

③ 정산표 작성

→ 정산표는 시산표와 대차대조표, 손익계산서의 양식을 모두 갖춘 보고서

이다. 정산표는 6위식, 8위식, 10위식 정산표가 있으며 우리나라 기업회계기준에는 6위식 정산표를 사용하게 되어 있다. 하지만 필수적으로 작성해야 하는 보고서는 아니다.

(2) 결산의 본절차

예비절차가 끝나게 되면 본격적으로 주요 장부와 보조장부를 모두 마감하게 되는데 이를 결산의 본절차라고 한다. 본절차는 다음과 같다.

① 주요부 마감

→ 본 절차의 첫 단계는 주요부를 마감하는 것이다. 주요부에는 분개장과 총계정원장이 있다. 분개장은 거래의 발생순서에 따라 거래의 이중성과 거래의 8요소에 따라 작성하는 장부이고, 총계정원장은 자산, 부채, 자본, 수익, 비용을 각 계정별로 하나로 집합하여 기록하는 장부이다.

② 기타 장부 마감

→ 주요부가 마감되면 주요부를 제외한 모든 장부를 마감한다.

3. 장부의 종류

- 주요부 : 분개장, 총계정원장
- 보조부
  - 보조원장 : 상품재고장, 매입처원장, 매출처원장
  - 보조기입장 : 현금출납장, 당좌예금출납장, 받을어음기입장, 지급어음기입장 등

1) 총계정원장의 마감

① 손익계정을 설정하여, 수익 및 비용 계정의 잔액을 손익계정에 옮겨 적은 다음, 수익비용의 계정을 마감한다.

② 손익계정의 잔액(자본금)을 자본금계정에 옮겨 적은 다음, 손익계정을 마감한다.

③ 결산일의 날짜로, 자산, 부채, 자본의 계정잔액을 반대편에 차기 이월로 하여 기입한 다음, 이들 계정을 마감한다.

④ 자산, 부채계정 및 자본금계정의 차기이월액을 모아서, 이월시산표를 작성한다.

⑤ 다음 회계연도 최초의 날짜로 자산, 부채계정 및 자본금계정의 잔액을 전기이월로 하여 기입한다.

2) 분개장의 마감

① 회계연도 중 거래의 분개에 대해서 대차합계액을 일치시킨 후 마감한다.

② 결산에 관한 분개의 대차합계액을 일치시킨 후 다시 마감한다.

③ 다음회계연도의 최초날짜로 이월시산표의 합계액을 차변, 대변에 각각 기입한다.

4. 손익계산서와 재무상태표의 작성

① 손익계정의 내용으로부터 손익계산서를 작성한다.

② 이월시산표의 내용으로부터 재무상태표를 작성한다.

(1) 결산의 절차(3단계)

(결산예비절차)	—	(결산 본절차)	—	(보고서절차)
* (수정 전) 시산표 작성 * 결산 정리사항 수정 * (수정 후) 시산표 작성 * 정산표 작성		* 총계정원장 마감 * 분계장 및 보조부 마감		* 재무상태표 * 손익계산서 및 재고 조사표 작성 * 현금흐름표 * 자본변동표

5. 재무제표(결산보고서)의 작성

본절차가 끝나면 재무제표를 작성하게 된다. 재무제표에는 재무상태표, 포괄손익계산서, 현금흐름표, 자본변동표가 있으며 주석을 포함한다.

기업은 수정 전 시산표에다 상기한 제반 결산절차에 따라서 기말정리사항을 추가하여 재무제표를 작성한다. 즉 주요 재무제표의 하나인 재무상태표에는 실질계정이 집계되어 기초와 비교하여 일정시점(기말)에서의 재무상태를 나타내는 보고서 역할을 하고, 포괄손익계산서에는 임시계정이 집계되어 일정기간 동안 기업의 영업성적을 나타내는 보고서로서의 역할을 한다.

K-IFRS는 재무상태표, 포괄손익계산서, 자본변동표, 현금흐름표 및 주석 등을 주요 재무제표로 규정하고 있다.

@재무제표 및 부속명세서에는 다음과 같은 것이 있다.

재무상태표 : 특정시점의 재무상태를 알려주는 표

포괄손익계산서 : 일정기간의 경영성과를 알려주는 표

이익잉여금처분계산서 : 이익의 처분내용을 알려주는 표

현금흐름표 : 현금증감의 원인과 결과를 알려주는 표

주기와 주석 : 추가적인 회계정보와 공시

1) 재무상태표

재무상태표는 크게 자산, 부채, 자본으로 구분하고, 이를 다시 자산은 2구분(유동, 비유동)하고 부채도 2구분(유동, 비유동)하며, 자본은 3구분(납입자본, 기타 자본구성요소, 이익잉여금)하여 표시해야 한다는 것을 말한다.

재무상태표

자 산	부채와 자본
자산 1. 유동자산 당좌자산 재고자산 2. 고정자산 투자자산 유형자산 무형자산	부채 1. 유동부채 2. 고정부채 자본 1. 자본금 2. 자본잉여금 3. 이익잉여금 4. 자본조정 자본총계
자산총계	부채와 자본총계

2) 포괄손익계산서

모든 수익과 비용은 그것이 발생된 기간에 정당하게 배분되도록 처리해야 한다는 것을 말한다. 따라서 수익은 실현된 시점에서 인식하고 비용은 발생된 시점에서 인식된다. 여기서 실현이란 특정거래에 대한 대가를 현금으로 받지 못하였더라도 수익으로 인식하는 데 가장 중요한 업무(재화의 인도 또는 용역제공의 완료)가 종료된 것을 의미한다.

포괄손익계산서

비 용	수 익
순 이 익	

3) 회계공식 정리

자본등식 : 자산 - 부채 = 자본

재무상태표 등식 : 자산 = 부채 + 자본

재산법 : 기말자본 - 기초자본 = 당기순이익

손익법 : 총수익 - 총비용 = 당기순이익

4) 보고서

재무상태표(재무상태)

자 산	금 액	부채 · 자본	금 액
기말자산	100,000	기말부채	60,000
		기말자본	40,000
	100,000		100,000

손익계산서(경영성과 = 경영성적)

비 용	금 액	수 익	금 액
총 비 용	40,000	총 수 익	50,000
당기순이익	10,000		
	50,000		50,000

5) 작성방법

〈회계의 순환과정〉

거래	—	분개	—	전기	—	시산표	—	정산표	—	재무제표
(거래인식)		(분개장)		(총계정원장)		(잔액시산표)		(선택적)		
보조기입				전기대조				결산정리분개		재무보고서 작성

- 보조장부 : 현금출납장, 매입장, 매출장, 기타 보조부
- 재무제표 작성 : 재무상태표, 손익계산서, 이익잉여금, 처분계산서,
  현금흐름표

• 현금 및 현금성자산 : 현금, 소액현금, 당좌예금, 보통예금, 현금성자산
• 단기투자자산 : 단기금융상품, 단기대여금, 단기매매증권
• 매출채권 : 외상매출금, 받을어음
• 매입채무 : 외상매입금, 지급어음
• 단기차입금 : 당좌차월
• 차감적 평가 : 해당 자산계정과목 밑에 차감하는 형식 표시
(예 대손충당금, 감가상각누계액)
• 기말자본금 : 기초자본금 + 당기순이익 합산금액표시
• 주식회사 : 자본금, 자본잉여금, 자본조정, 기타 포괄손익누계액, 이익잉여금으로 분류 표시

6. 총계정원장의 마감

① 손익계정을 설정하여, 수익 및 비용계정의 잔액을 손익계정에 옮겨 적은 다음, 수익비용의 계정을 마감한다.
② 손익계정의 잔액(자본금)을 자본금계정에 옮겨 적은 다음, 손익계정을 마감한다.
③ 결산일의 날짜로, 자산, 부채, 자본의 계정잔액을 반대편에 차기 이월로 하여 기입한 다음, 이들 계정을 마감한다.
④ 자산, 부채계정 및 자본금계정의 차기이월액을 모아서, 이월시산표를 작성한다.
⑤ 다음회계연도 최초의 날짜로 자산, 부채계정 및 자본금계정의 잔액을 전기이월로 하여 기입한다.

7. 분개장의 마감

① 회계연도 중의 거래의 분개에 대해서 대차합계액을 일치시킨 후 마감

한다.

② 결산에 관한 분개의 대차 합계액을 일치시킨 후 다시 마감한다.

③ 다음회계연도의 최초날짜로 이월시산표의 합계액을 차변, 대변에 각각 기입한다.

8. 재무제표분석

기업이 경영활동을 지속적으로 영위하는 주된 목적은 기업의 수익성을 최대한 높이고 지급능력을 확보하기 위한 것이다. 기업의 수익성은 이익을 창출할 수 있는 능력을 나타낸 것으로 주로 포괄손익계산서에 반영되어 있다. 그리고 기업의 지급능력은 채권자들에게 부채를 갚을 수 있는 능력을 말하는 것으로 주로 재무상태표에 나타난다.

따라서 재무상태표와 포괄손익계산서에 담긴 회계정보를 이용하면 기업경영에 대한 전반적인 정보를 파악해 낼 수 있을 것이다. 필요할 경우 경제적 의사결정에 필요한 다양하고 구체적인 정보들을 얻어낼 수 있다. 이와 같이 기업과 관련된 의사결정에 필요한 정보를 얻어내고 해석하는 일련의 과정을 재무제표분석이라고 한다.

학습용어

1. 분개 : 어느 곳에 기록할 것인지를 판단
2. 분개장 : 분개를 기록하는 장부
3. 전표 : 한 장 쪽지로 분개하도록 하는 서식이 있는 용지
4. 원장 : 계정을 포함하는 장부. 총계정원장, 보조원장
5. 시산표 : 모든 계정의 합계
6. 결산 3단계 : (결산예비절차) – (결산 본절차) – (보고서절차)

학습토론

1. 다음 중 시산표 등식은?
   자산 + 비용 = 부채 + 자본 + 수익

2. 분개와 분개장 필요성

3. 시산표 필요성

4. 원장이란?

5. 거래의 8요소란?

[단원 · 요점정리]

1. 기업경영과 회계

- 회계의 뜻 : 이해관계자에게 정보를 제공하고, 자산, 부채, 자본의 증감변화를 기록, 계산, 정리하는 것
- 회계의 목적 : 주목적과 부목적으로 구분한다.
- 회계의 종류 : 기록 계산의 방법에 따라 단식회계와 복식회계, 이용자의 목적에 따라 영리회계, 비영리회계가 있다.
- 회계단위 : 경영거래를 기록 계산하는 장소적 단위를 말한다.
- 회계연도 : 경영성적을 계산하는 기간적 범위를 말한다.

2. 기업의 재무상태

- 자산 : 화폐로 가치를 환산할 수 있는 재화와 권리를 말한다.
- 부채 : 법률상 일정한 기일에 채권자에게 지급하여야 할 채무(빚)를 말한다.
- 자본 : 자산총액에서 부채총액을 뺀 순재산액을 말한다.
- 대차대조표 : 일정시점에 있어서의 기업의 재무상태를 표시하는 일람표를 말한다.

3. 기업의 손익계산서

- 손익계산 : 재산법(기말 자본금 - 기초자본금), 손익법(수익 합계액 - 비용 합계액)
- 손익계산서 : 일정한 회계기간에 있어서 기업의 경영성적을 표시한 일람표

4. 거래

- 회계상의 거래 : 기업에서 발생하는 자산, 부채, 자본의 증감변화를 일으키는 모든 사항을 말한다.

- 거래의 8요소 : 자산의(증가, 감소), 부채의(감소, 증가), 자본의(감소, 증가), 자본의(증가, 감소) 비용의 발생 · 수익의 발생
- 거래의 종류 : 교환거래, 손익거래, 혼합거래

5. 계정

- 계정 : 거래의 기록을 위해서 설정되는 기록, 계산의 단위를 말한다.
- 계정의 분류 : 자산, 부채, 자본, 비용, 수익 계정을 말한다.
- 대차평균의 원리 : 모든 거래의 차변과 대변 금액은 일치해야 한다.

6. 분개장과 원장

- 분개 : 거래 발생 시 어떤 계정의 어느 변(차변 또는 대변)에 기입할 것인가를 분해하는 것
- 전기 : 분개를 계정에 옮겨 기입하는 것

7. 시산표와 정산표

- 시산표 : 결산 준비단계, 전기의 정확 여부를 검토하기 위한 계정집계표
- 정산표 : 결산절차를 한 표에 종합하여 작성하는 표

8. 결산의 절차

- 결산의 의의 : 기업의 재무상태와 경영기간 중의 손익을 산출하는 절차를 말한다.
- 결산절차 : 예비절차, 본절차, 재무제표 작성

제 2 부

회계는 이해관계자에게 정보를 제공한다

제7장 현금 · 예금에 기장

제1절 현금계정의 이해

1. 현금의 수입과 지출

회계에서 현금으로 취급되는 것은 지폐나 경화 등의 통화뿐만 아니라 언제든지 통화와 교환할 수 있는 통화대용증권을 포함한다. 즉 현금은 거래의 최종적인 결제수단이기 때문에 입금과 출금이 가장 많이 일어나는 자산이다.

통화대용증권에는 타인발행수표, 송금수표(송금환), 우편환증서, 대체저금환급증서, 자기앞수표, 공사채의 만기 이자표, 배당금영수증, 국고 지급통지서 등이 포함되며 이들은 현금 계정에서 처리한다.

현금성자산은 현금을 짧은 기간 동안 금융상품에 투자한 것으로 큰 거래비용 없이 현금으로 쉽게 찾을 수 있고 이자율의 변동이 있더라도 그 가치가 별로 변동되지 않는 유가증권을 말한다. 현금성자산은 현금은 아니지만 현금과 거의 비슷할 정도로 거래대금을 바로 지급할 수 있는 성질을 갖는 만기 3개월 이내인 유가증권이다.

현금성자산의 예는 다음과 같다.

① 취득 당시 3개월 이내에 만기도래하는 채권

② 3개월 이내 상환조건의 환매채

③ 상환일이 3개월 이내인 상환우선주

현금 및 현금성자산의 범위

통화	지폐, 동전
통화대용증권	타인발행수표, 자기앞수표, 송금환, 우편환증서, 지급기일 도래한 공사채의 만기 이자표
단기예금	당좌예금, 보통예금
현금성자산	3개월 이내 만기도래 채권, 3개월 이내 상환조건 환매채, 3개월 이내 단기수익증권

2. 현금계정

현금의 수입지출은 현금계정으로 처리한다. 즉 현금의 수입은 현금계정의 차변에 현금의 지출은 현금계정의 대변에 각각 기입한다.

현금출납장 : 현금의 수익과 지출의 명세를 기입하고 그 잔액을 계산·기록하는 보조기입장을 말한다.

현금출납부

일자	적 요	수 입	지 출	잔 액
7.1	상품매출로 동국회사에서 1,000원 현금받다.	1,000		1,000
7.3	상품 구입하면서 동국회사수표 400원 지급하다.		400	600
7.5	동국회사수표 300원 보통예금하다.		300	300

3. 현금과부족 계정

현금의 현재액이 장부잔액과 일치하지 않을 경우, 그 원인이 쉽게 판명되지 않을 때에는 그 불일치액을 현금과부족계정으로 처리하고 현금의 장부잔액을 실제보유액에 일치시켜 둔다.

(1) 실제액이 과잉한 경우

차) 현금+++ 대) 현금과부족+++

(2) 실제액이 부족인 경우

차) 현금과부족+++ 대) 현금+++

(3) 현금과부족의 정리

뒷날 과부족의 원인이 판명되면 그 금액을 현금과부족 계정에서 해당하는 계정에 대체한다.

* 과잉분은 수입이자의 기입누락

차) 현금과부족+++ 대) 수입이자+++

* 부족분은 여비의 기입누락

차) 여비+++ 대) 현금과부족+++

@결산에 이르러서도 판명되지 않을 경우는 잡이익 또는 잡손실계정으로 대체한다.

현금출납장

월일	적요	수입(+)	지출(−)	잔액
4.1	전월이월	200,000		200,000
4.3	상품매입 대금 지출		100,000	100,000
4.18	상품매출 대금 수입	350,000		450,000
4.27	종업원 급여 지급		200,000	250,000
4.30	차월이월		250,000	
5.1	전월이월	250,000		250,000

* 4월 27일 잔액 250,000원은 차월이월이 되고, 5월에 전월이월이 된다.

(증가) 현 금 (감소)

통화 · 통화대용증권의 수입액 ₩10,000	통화의 지급액, 통화대용증권의 인도액	₩6,000
	현금의 현재액	₩4,000

〈현금성자산 계정〉

현금, 현금성자산 : 3개월 이내에 현금화할 수 있어야 한다.

당좌예금, 현금성자산은 모두 통합하여 작성한다. = 재무상태표에서 현금 및 현금성자산이라고 작성한다.

요구불예금 : 즉시 요구하면 즉시 지불한다.

예 당좌예금과 보통예금이 있다.

소액현금제도 : 사무실 경비 사용 시 잔금 사용의 편의를 위해 용도계에 작성하는 표를 말한다. 일정한 금액을 미리 내주고 차후 보고를 받는다.

4. 당좌예금의 예입과 인출

1) 당좌예금 계정

거래은행과 당좌 거래에 관한 계약을 맺은 경우, 예금주가 당좌예금을 해두면 수표를 발행하여 언제든지 찾아 쓸 수 있는 예금이며, 이 당좌예금의 예입과 인출을 기입하는 계정이 당좌예금 계정이다.

방법) 은행에 통화 및 통화대용증권을 예입하였을 때 당좌예금 계정 차변에 기입하고, 수표를 발행하여 예금을 찾을 때에는 당좌예금 계정 대변에 기입한다.

따라서 당좌예금 계정은 자산 계정으로 잔액은 항상 차변에 생기며 당좌예금의 현재액을 표시한다.

당좌예금

예입액	인출액
현금 예입	수표의 발행
현금대용증권 예입	₩5,000
대체 입금	
자기 발행 수표의 수입	당좌예금 잔액
₩10,000	₩5,000

2) 당좌 차월 계정

은행과 당좌 거래를 하고 있는 사람이 미리 당좌 차월 계약을 맺어두면, 당좌예금 잔액을 초과해서 수표를 발행해도 약정한 한도액까지는 인출할 수 있다.

당좌 차월을 맺는 경우 당좌 차월 계약서를 작성하고, 당좌 차월 근저당 차입증과 같이 유가증권 또는 동산, 부동산을 담보로 은행에 차입해야 하며 당좌 차월을 하였을 때에는 당좌 차월 계정 대변에 기입하고, 상환하였을 때에는 당좌 차월 계정 차변에 기입한다.

당좌 차월

상환액 ₩4,000	수표초과 발행액
	(차월액)
차월잔액 ₩3,000	₩7,000

당좌예금 거래, 분개

당좌예금 출납장

날짜	적 요	매입	인출	차대	잔액
4.1	전월이월	50,000		차	50,000
4.4	상품매출대금	70,000		차	120,000
4.12	상품매입대금		200,000	대	80,000
4.23	현금매입	200,000		차	120,000

* 차) 당좌예금에서 인출되고, (자기자본)
* 대) 당좌차월에서 인출된다.(은행부채) 그리고 차변과 대변을 뜻한다.

분개) 4/4 차) 당좌예금 70,000 // 대) 상품 70,000

4/12 차) 상품 200,000 // 대) 당좌예금 120,000

당좌차월 80,000

4/23 차) 당좌차월 80,000 // 대) 현금 200,000

당좌예금 120,000

5. 소액현금 계정

기업에 있어서는 화재, 도난, 부정방지 등에 대비하기 위하여 현금을 은행에 당좌예금하여 두고, 지급하는 경우에는 수표를 발행하여 충당한다. 그리고 사소한 지급은 즉 교통비, 통신비, 소모품비, 잡비와 같은 소액의 현금까지도 수표를 발행한다는 것은 사무상 번잡하므로 이러한 일상적인 경비 지급은 용도계 또는 소액 현금계에 전도하여 지급케 하는 것이 능률상 편리한 제도다. 이 제도를 소액현금제도라 하며, 이때 용도계에 전도한 자금을 소액 현금이라 한다.

그리고 소액현금 출납장은 용도계가 소액 현금의 수입과 지출을 기입하기 위하여 작성하는 보조 기입장을 소액 현금 출납장이라 한다.

소액현금

소액자금의 전도액	제경비의 지급액
₩5,000	지급보고액 ₩2,500
소액자금의 보급액	소액현금의 잔액 ₩2,500

정액자금선급법에서는 정액자금으로 선급받은 금액이 현금보유액 및 영수증합계와 항상 일치해야 한다.

@정액자금선급액 = 현금보유액 + 소액지출영수증합계액

예 3/1 ₩5,000의 수표를 용도계에 전도하다.

차) 소액현금 : 5,000　　　　대) 당좌예금 : 5,000

6. 현금 및 현금성자산 계정과목

① 현금

② 보통예금

③ 당좌예금

④ 현금성자산

재무상태표에 4가지를 합산해서 현금 및 현금성자산으로 표시한다.

보통예금과 당좌예금은 만기가 없고, 요구불(급)예금이라 한다.

소액현금출납부

일자	적요	수입	지출	잔액
8.1	경리부에서 자금 선급받음	300,000		300,000
8.3	복사지 등 사무용품 구입		95,000	205,000
8.7	교통비 지급		126,000	79,000
8.27	통신비 지급		58,000	21,000
9.1	경리부에서 자금보충	279,000		300,000

제2절 유가증권에 대한 이해

1. 유가증권

회계에서 유가증권이라 함은 보통의 유가증권에서 통화대용증권을 현금으로 취급한다.

화물대표 증권을 제외한 것으로, 유휴자금의 활용 등을 목적으로 시장성 있는 일시적 소유의 유가증권을 말한다.

회계상 유가증권 주권, 사채권, 국채증서, 지방채증서, 산업금융채권, 농업금융채권, 주택금융채권, 투자신탁증권, 개발신탁증권, 대부신탁증권 등을 말한다.

유가증권

매입원가 (매입가액 + 매입부대비용)	처　분(매입원가)
	현재액(매입원가)

유가증권의 매입원가에는 매입대금 외에 매입 수수료 등의 매입 부대비용이 포함된다.

예 실제 매출가액의 매입원가보다 클 경우

차) 당좌예금+++ // 대) 유가증권(매입원가)+++
유가증권처분이익+++

예 실제 매출가액이 매입원가보다 작은 경우

차) 당좌예금+++ // 대) 유가증권(매입원가)+++
유가증권처분손실+++

예 (주)동국은 단기매매차익을 획득할 목적으로 (주)동방이 발행한 주식 100주(@20,000)를 매입하면서 수수료(6,000)와 함께 수표를 발행하여 지급했다.

(해설) 차) 단기매매증권 ₩2,000,000 // 대) 당좌예금 ₩2,006,000
지급수수료 6,000

2. 유가증권의 종류

1) 증권

그 종이에 화폐단위와 경제적인 돈에 대한 가치가 표시되어 있다.

금전증권 : 어음, 수표 등 말한다.

상품증권 : 화물상환증, 선화증권, 창고증권 등을 말한다.

자본증권 : 지분증권의 주식과 채무증권의 채권인 사채와 국채를 말하며, 회계상에서 유가증권이라 한다.

2) 단기매매증권(단기매매금융자산)

일반기업회계에서는 단기매매증권이라 하고, 국제 회계기준에 따라 단기매매금융자산이라 한다.

예 공공주식 20주(1주 액면 5,000)를 @6,000으로 매입하고 수수료 10,000원과 함께 대금은 수표로 지급했다. 그럼 취득 시와 판매 시 분개한다.

(구입한 가격으로 분개한다.)

(취득 시)

20주 * @6,000 = 120,000(취득원가)

(액면 @5,000) 참고한다.

차) 단기매매증권 120,000 // 대) 당좌예금 130,000

수수료 비용 10,000

(처분 시)

① 취득원가(장부금액) 10주 * 6,000 = ₩60,000

② 처분금액(매가) 10주 * @8,000 = ₩80,000

－수수료 ₩8,000

(이익, 손실 계산된다.) ₩72,000(처분금액)

차) 현금 ₩72,000 // 대) 단기매매증권 ₩60,000

단기투자자산처분이익 ₩12,000

제3절 어음 거래에 관한 기장

1. 어음의 정의

지급인(채무자)이 일정한 금액을 특정한 일자(만기일)에 지급하겠다는 내용을 기재한 일정한 형식을 갖춘 증권을 어음(notes)이라 한다.

어음의 종류에는 약속어음과 환어음이 있다. 약속어음은 발행인이 일정기일에 일정금액을 지시인에게 지급하기로 약속한 어음이고, 환어음은 발행인이 지시인으로 하여금 일정기일에 일정금액을 수취인에게 지급해 주도록 위탁하는 어음이다.

환(換)어음은 지명인으로 하여금 만기에 일정 금액을 수취인에게 지급하도록 위탁하는 증권이다. 즉 어음 발행인이 지급인(제3자)에게 일정한 금액(어음금액)을 일정일(만기일)에 어음상의 권리자(수취인, 피배서인)에게 지급할 것을 위탁하는 유가증권이다. 예를 들어 甲이 乙로부터 물품을 구입하고 丙을 지급인, 乙을 수취인으로 하는 환어음을 발행하여 乙에게 교부한 경우에 각 당사자는 번거로움을 피하고 동시에 결제를 끝낼 수 있다. 이처럼 발행인과 지급인이 각각 다른 사람이어야 한다는 것이 환어음의 원칙이다. 그러나 「어음법」을 보면 환어음의 경우 자기앞어음 또는 자기지시어음을 발행할 수 있도록 규정하고 있다. 이는 환어음의 장소적 간격을 극복하는 작용을 발휘하게 한다. 약속(約束)어음은 발행인이 수취인에 대해 일정기간 후에 일정 금액을 지급할 것을 약속하는 어음이다. 환어음이 3자 간의 계약인 반면, 약속어음은 2인의 계약으로 이루어진다.

〈약속어음〉

약속어음은 어음의 발행자가 어음 수취인에게 일정 기일에 일정 금액을 지급하겠다는 것을 약속한 증서이다. 약속어음은 수표와 거의 똑같은 모양이다. 수표와 다른 점은 지급기일이 있다는 점이다. 약속어음은 지급기일 전에 은행에서 현금으로 찾을 수 없다. 약속어음은 대부분 상품을 사고파는 상거래에서 발행되고 유통된다. 상거래에서 발행되는 약속어음은 발행자 입장에서는 매입채무인 지급어음으로, 약속어음의 수취인 입장에서는 매출채권인 받을어음으로 회계처리한다.

따라서 약속어음은 발행인(어음의 작성인)이 일정한 금액을 일정한 장소에서 지명인(수취인)에게 무조건 지급할 것을 약속하는 증서이다.

약속어음의 채권, 채무관계

(어음채권자) → 상품 → (어음채무자)
수취인 ← 약속어음 ← 발행인, 지급인

2. 어음의 종류

법률상의 종류에는 약속어음과 환어음의 두 가지가 있다.

약속어음 : 어음 발행인이 수취인에 대하여 일정한 기일과 장소에서 그 어음에 기재된 금액을 지급할 것을 약속한 증권을 말한다.

2명의 발행인(채무자)과 수취인(채권자)이 있다.

차) 받을어음++++ // 대) 지급어음++++

환어음 : 어음발행인이 어음 지급인(3자)에 대하여 수취인에게 일정한 기일과 장소에서 그 어음에 기재된 금액을 지급할 것을 의뢰한 증권을 말한다.

회계상의 종류에는 받을어음과 지급어음이 있다.

3명의 발행인(채무자), 수취인(채권자), 지급인(인수인)이 있다.

3. 어음계정

어음에는 발행인이 일정기일에 일정금액을 지시인에게 지급하기로 약속한 약속어음과 발행인이 지시인으로 하여금 일정기일에 일정금액을 수취인에게 지급해 주도록 위탁하는 환어음이 있다. 그러나 회계에서는 이러한 어음 자체의 성격과는 관계없이, 기업의 어음채권, 어음채무의 관점에서 모든 어음을 받을어음과 지급어음으로 나눈다.

1) 받을어음 계정

상품매출에 따르는 어음채권의 발생, 소멸은 받을어음 계정으로 처리한다. 즉 약속어음이나 환어음의 수취 등에 의하여 어음채권이 발생하면 받을어음 계정의 차변에, 어음대금의 수취 등으로 어음채권이 소멸하면 그 대변에 각각 기입한다. 받을어음 계정은 자산의 계정으로 잔액은 차변에 생기어 어음채권의 미회수액을 나타낸다.

2) 지급어음 계정

상품매입에 따르는 어음채무의 발생, 소멸은 지급어음 계정으로 처리한다.

즉 약속어음의 발행이나 환어음의 인수에 의하여 어음채무가 발생하였을 때에는 지급어음 계정의 대변에 어음대금의 지급 등에 의하여 어음채무가 소멸하였을 경우에는 그 차변에 각각 기입한다.

지급어음 계정은 부채의 계정으로 잔액은 대변에 생기며 어음채무의 미지급액을 나타낸다.

4. 어음 거래의 기장

1) 어음의 배서양도

어음을 배서양도했을 경우에는 받을어음 계정의 대변에, 배서양수했을 경우에는 그 차변에 기입한다.

2) 어음의 할인

어음을 할인한 경우에는 그 액면금액을 받을어음 계정의 대변에 기입하고 할인료는 따로 할인료 계정의 차변에 기입한다.

3) 어음의 개서

어음 당사자 간의 협의에 의하여 새로운 어음으로 갱신할 수 있는데, 이것을 어음의 개서라고 한다.

(1) 받을어음을 개서한 경우

차) 받을어음+++　　대) 받을어음+++

(2) 지급어음을 개서한 경우

차) 지급어음+++　　대) 지급어음+++

4) 어음의 추심

만기일이 도래한 어음의 대금을 은행에 추심의뢰할 경우 어음상의 권리는 소멸한 것이 아니므로 어음 계정에는 기입하지 않는다.

그러나 만기일에 은행으로부터 추심되었다는 통지를 받았을 때에는 어음에 대한 채권이 소멸되므로 받을어음 계정 대변에 기입하는 동시에 당좌예금 계정 차변에 기입한다.

차) 당좌예금+++ 대) 받을어음+++

5. 환어음

환어음은 발행인이 지명인(어음인수인)에게 일정한 기일에 일정금액을 수취인에게 지급하도록 위탁한 증서이다. 환어음의 발행인은 어음상의 채무는 지지 않고 제3자인 지급인이 어음의 인수절차를 통하여 어음상의 금액을 지급할 의사를 나타냄으로써 어음채무가 성립한다. 즉 법률상 어음발행자는 어음상의 금액지급을 위탁하는 사람이고 어음소지인은 어음상의 수취권자이고 인수인은 지급인이 되는 것이다. 환어음의 변형적인 형태로 자기지시환어음 또는 자기앞환어음을 발행할 수도 있다.

환어음의 채권, 채무관계

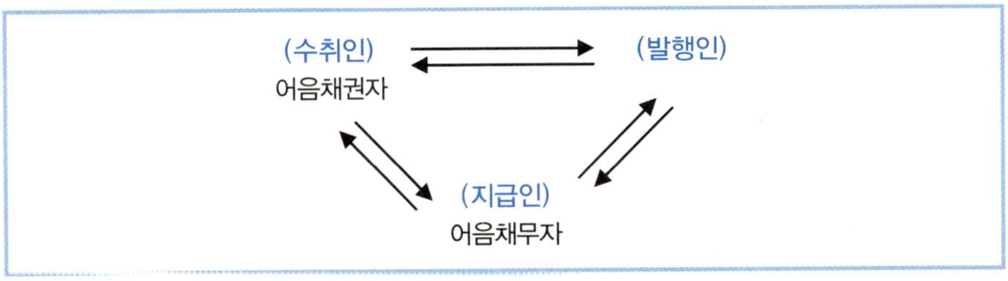

지금까지 언급한 어음의 종류에 따른 채권과 채무관계를 요약하면 다음과 같다.

1) 약속어음

발행인 : 어음상의 채무자

수취인 : 어음상의 채권자

2) 환어음

발행인 : 어음상 채권 및 채무가 없음

수취인 : 어음상의 채권자

지급인 : 어음상의 채무자

3) 자기지시환어음

발행인(수치인) : 어음상의 채권자

지급인 : 어음상의 채무자

4) 자기앞환어음

발행인(지급인) : 어음상의 채무자

수취인 : 어음상의 채권자

제4절 단기투자 자산

1. 단기투자 자산

1년 이내에 현금화할 수 있어야 한다.

1) 단기예금 : 1년 만기 예금을 말한다.
정기예금 : 일정한 금액을 넣고, 그때 가서 찾는다.
정기적금 : 목돈마련을 위해 매달 정한 금액 넣는다.
이 두 예금을 저축성 예금이라 한다.

단기매매증권 : 다른 기업에서 발행한 주식이나 사채를 말한다.

단기대여금 : 다른 기업에 돈을 빌려주는 것

2. CD, CP, RP

1) 양도성예금증서(CD)

예금증서이며 자유롭게 다른 사람에게 양도할 수 있다.

시중은행에서 발행하는 무기명 할인식 선이자형태의 양도가 자유로운 증서로, 보통 최저 금액 천만 원 이상, 최소 30일 이상 소유해야 양도가 가능한 금융상품이다.

2) 기업어음(CP)

신용등급이 높은 우량기업이 돈이 없어서, 즉 자금조달을 위하여 발행하는 융통어음으로, 금융어음을 종합 금융사가 할인 매입하여 다시 고객에게 판매하는 것이다. 거래기간은 30일에서 270일 이내, 최저금액은 천만 원 이상이며 통장 거래로 이루어지고 있다.

3) 환매조건부채권(RP)

증권회사가 일정기간이 지난 후 원금에 이자를 가산하여 다시 매수할 것을 조건으로 하여 고객에게 채권을 판매하는 금융상품으로 최저금액은 천만 원 이상이다.

학습용어

1. 증권의 종류 : 금전증권, 상품증권, 자본증권
2. 단기예금 : 1년 만기. 정기예금, 정기적금
3. 어음 ┌ 약속어음 : 발행인, 수취인
   └ 환어음 : 지급인, 발행인, 수취인
4. 어음의 개서 : 새로운 어음으로 갱신
5. 소액 현금 : 경리계에서 사소한 경비 사용

학습토론

약속어음 VS 환어음

1. 관계자 약속어음(2인 관계 : 발행인, 수취인)
   환어음(3인 관계 : 발행인, 수취인, 지급인)

2. 각 거래관계자별 입장에서의 회계 처리가 중요하다.
   1) 어음의 배서(타인에게 어음을 넘기는 행위)
      ① 추심위임배서 : 만기일에 대금을 받기 위해 은행에게 부탁 배서함. 권리를 넘기는 것이 아님
      ② 배서양도 : 대금지급을 위해 당점이 보관 중인 받을어음을 타인에게 넘김. 배서 매각거래 처리 시 : 권리를 넘김
      ③ 어음의 할인 : 자금이 긴급히 필요하여 금융기관에 만기일 전에 팔아버린다. 배서 매각거래 처리 시 : 권리를 넘김

2) 어음의 개서(신·구 어음 맞교환)
만기일이 도래했음에도, 어음채무자(발행일 또는 지급인)가 어음대금 지급 사정이 안 되는 경우, 만기일을 연장하기 위해 옛(구)어음을 소멸시키고 새(신)어음을 발행하여 주고받는다.

연구

1. 현금 및 현금성자산에 대하여 토론하라.

① 현금
② 보통예금
③ 당좌예금
④ 현금성자산

2. 단기투자 자산에 대하여 토론하라.

① 단기예금
② 단기대여금
③ 단기매매증권

제8장 외상매출금 계정의 이해

제1절 매출 계정

1. 외상매출금과 외상매입금

상품 매매업에 있어 상품의 매입과 매출에서 이루어지는 대금의 결제방법에는 현금결제와 신용에 의하여 이루어지는 신용결제의 두 가지 방법이 있다.

신용에 의한 거래는 장래, 일정한 기일에 현금으로 결제해야 하며 이러한 거래를 외상 거래라 하고, 외상으로 상품을 매입한 경우는 외상매입금 계정, 외상으로 판매한 경우는 외상매출금 계정에서 처리하는 채무와 채권 계정이다. 이들 계정을 인명 계정에 대하여 통제 계정이라 한다.

상품을 매출하고 상품 대금을 나중에 받기로 하면 외상매출금 계정의 차변에 기입하고, 나중에 외상대금을 받으면 외상매출금 계정의 대변에 기입한다. 외상매출금 계정은 자산 계정으로 잔액은 항상 차변에 발생하고 외상매출금의 미회수액을 나타낸다.

외상매출금

(+)	(−)
전기이월액	회수액
외상 매출액	잔액(미회수액)

2. 인명 계정이란

가계 간판이름, 대표자 이름 등을 인명 계정이라 한다.

예 사람이름, 상점이름

통제 계정과 보조원장의 관계

총계정원장

외상매출금(통제 계정)

전기이월액 30	회수액 50
외상 매출액 60	잔액(미회수액) 40

매출처원장(보조장부)

ㅇㅇ상점

전기이월 10	회수액 20
외상 매출액 20	잔액 미회수액 10

88 상점

전기이월 20	회수액 30
외상 매출액 40	잔액 미회수액 30

3. 대손충당금

1) 대손

외상매출금, 받을어음, 대여금 등의 채권이 채무자의 파산 등에 의하여 회수불능되는 것을 대손이라 한다. 즉 기업에 끼친 큰 손해를 말한다. 부도, 파산, 대표자 도주 등을 대손이라 한다.

이와 같이 대손된 채권은 해당 채권액에서 비용으로 처리해야 한다.

대손은 크게 외상매출금과 받을어음의 두 가지가 있다.

참고) 채권 : 받을 권리가 있는 돈이다.

매출채권 : 외상매출금, 받을어음 = 상품매출

기타 채권 : 빌려준 대여금, 상품 이외 처분 = 미수금

채권의 종류 : 국채(국가), 공채(지방공기업), 사채(주식회사)

• 총 외상매출금 2,000,000원에 대해 10%의 대손을 예상한다.

위 거래를 아래의 경우에 따라 분개해 보면 다음과 같다.

대손충당금

잔액	분개
없음	(차) 대손상각비 200,000 / (대) 대손충당금 200,000
100,000	(차) 대손상각비 100,000 / (대) 대손충당금 100,000
200,000	분개 없음
300,000	(차) 대손충당금 100,000 / (대) 대손충당금환입 100,000

2) 대손충당금 전입액

기업은 회계 기말에 모든 채권액을 검토하여 장차 회수할 가능성이 희박하다고 인정되는 채권을 대손 예상액으로 하여 비용 계정인 대손충당금 전입액 계정으로 처리하고 계상된 채권은 지금 대손이 실현된 것이 아니므로 외상매출금이나 받을어음 등의 계정에서 직접 차감하지 않고, 평가 계정인 대손충당금 계정을 세워 대변에 기입한다.

3) 대손상각 처리방법

대손이 발생한 경우에는 그 금액을 해당 채권계정의 대변에 기입하여 공제하는 한편 비용의 계정인 대손상각계정의 차변에 계상하여 손실로 처리한다.

차) 대손상각+++ // 대) 대손충당금+++

결산에 있어서 외상매출금 등의 채권에 대한 대손예상액을 대손 상각계정의 차변에 계상하여 당기의 비용으로 처리하게 된다. 이 경우 실제로 대손이 일어난 것이 아니어서 외상매출금 등의 채권에서 직접 공제할 수는 없으므로 따로 대손충당금 계정을 설정하여 그 대변에 기입해 둔다.

차) 대손상각+++ // 대) 대손충당금+++

대손충당금이 설정되어 있는 외상매출금 등의 채권(전기 이월채권에 한함)에 대해서 실제로 대손이 발생한 경우에는 대손충당금을 해당채권 계정에 대처하여 처리한다.

차) 대손충당금+++ // 대) 외상매출금+++

4) 고정자산의 감가상각

건물이나 기계장치와 같은 유형자산은 시간이 지나거나 사용하면 가치가 점차 감소한다. 감소하는 유형자산의 가치를 비용으로 처리하고 해당 자산의 장부금액을 감소시키는 회계처리를 감가상각이라 하며, 고정자산의 사용시간 경과 등에 따라 고정자산의 가치가 점차 감소되는 것을 감가라 하며, 결산일에 회계기간 중의 감가를 추산하여 고정자산의 장부가액을 직접 또는 간접으로 공제하는 절차를 감가상각이라 한다. 이때 고정자산의 장부가액에서 공제한 감가추상액은 당기의 비용으로 계상되는데, 이것을 감가상각비라 하며 감가상각비 계정으로 처리한다.

〈가치가 감소 원인 2가지〉

① 물리적 마모 : 사용하거나 시간이 지나가면서 유형자산이 닳거나 훼손되는 것

② 기능적 진부화 : 물리적으로 쓸 수 있지만 새로운 기술 등으로 인하여 기능적으로 뒤처져서 유형자산의 가치가 감소하는 것

〈진존가치〉

유형자산을 내용연수까지 다 쓰고 나서 처분할 때 예상되는 처분가액에서 처분을 위한 비용을 차감한 금액을 말한다.

유형자산의 취득원가에서 잔존가치를 뺀 금액이 내용연수 동안 가치가 감소하여 감가상각할 전체 금액이며, 이를 감가상각대상액이라고 한다.

공식 : 감가상각대상액 = 취득원가 - 잔존가치

감가상각액 = 장부가액 * 정률(2~3%)

4. 기타 채권

선급금 : 상품매입 주문계약금을 미리 지급한다. 먼저 지급한 돈이다.

예 빵 주문 ₩10,000을 계약금 ₩1,000 지급 시

차) 선급금 1,000 // 현금 1,000
상품 10,000 // 선급금 1,000
현금 9,000

가지급금 : 직원 출장여비 개산 시(어림잡아 여비 지급 시) 지급한다. 즉 가짜로 지급한 돈.

아직 회사 돈이라고 할 수 있다. 즉 출장 시 직원에게 어느 정도 미리 지급하는 여비, 교통비를 말한다.

예 차) 가지급금 ₩10,000 // 현금 ₩10,000
실제 사용한 과목 작성 // 가지급금 10,000
(여비, 교통비)
(가지급금 계정)

출장 가는 지원에게 미리 출장여비를 개산하여 지급 시(어림잡아 지급 시), ₩100,000 지급한다.

구 분		차 변	대 변
출장여비를 개산하여 지급 시		가지급금 100,000	현금 100,000
출장 후 여비 사용정산 시	여비, 교통비 〉 가지급금	여비, 교통비 120,000	가지급금 100,000 현금 20,000
	여비, 교통비 〈 가지급금	여비, 교통비 80,000 현금 20,000	가지급금 100,000

미결산 : 진행 중인 미해결 사건의 임시처리를 말한다.

즉 실사가 나오면 결과 후 지급하기로 할 경우 — 미해결사건, 보험사건(화재, 도난, 파손 및 외상매출금사건, 공금사건 등 미해결 시) — 정확한 결산을 할 수 없는 것을 말한다.

차) 미결산+++ // 대) 건물, 현금(사건과목작성)+++

차) 사건과목작성+++ // 대) 미결산+++

* 미결산은 임시계정이라는 사실. 임시계정(현금과부족, 가지급금, 미결산) 등은 잠시 차변계정에서 문제가 해결되면 대변으로 자리이동한다.

제2절 상품 기입방법

1. 상품계정의 의의

상품의 매매거래는 회계의 대상인 상품매매업의 중심적인 거래로서 발생빈도와 규모가 클 뿐만 아니라 내용도 복잡하므로 그 기장에 특별한 배려가 필요하다. 상품계정은 매입액, 매출액, 이월액 등을 함께 기입하는 방법이다.

예 상품 목적에 따라

상품 : 현대쏘나타 대리점 전시판매이며 = 판매목적

차량운반구 : 삼성전자에서 쏘나타는 영업하기 위한 목적으로 사용 = 영업용

집에서 라면 먹을 목적 = 소모품

1) 상품

단일상품 : 계정과목 상품으로 표시

분할상품 : 성질에 따라 나눔(이월상품, 매입, 매출)

2) 단일상품계정

① 순수계정 = 분기법 : 상품 고유성질 유지

② 혼합계정 = 총기법 : 다양하게 혼합됨

2. 분기법

상품을 매출했을 때 매입원가에 의한 매출액을 상품계정의 대변에 기입하고 실제판매가액에 의한 차액은 상품매출액 계정의 대변에 따로 기입하는 방법을 분기법이라 한다. 이 경우 상품계정은 자신의 계정으로서 잔액 차변에 생기어 매입원가에 의한 상품의 현재가액을 표시한다.

매입 시 : 차) 상품 ₩100 //

매출 시 : // 대) 상품 ₩100(원가)

상품매출이익 ₩50(이익)

* 이렇게 나누어 기록하는 것을 분기법이라 한다.

운반비 처리

매입 시 운반비는 원가에 포함한다.

상품 ₩10,000 판매하고, 운반비 ₩500

매입 시 : 10,000 + 500 = ₩10,500

(원가) + (운반비)

차) 상품 10,500 //

매출 시 : 매출 시 운반비는 따로 비용처리한다. 예 운반비 ₩600
즉 별도로 운반비 비용 계정 처리
차) 현금 20,000 // 대) 상품 10,500
상매출이익 9,500
차) 운반비 600 // 현금 600

3. 총기법

상품을 매출했을 때 실제 판매가액에 의한 매출액을 상품 계정의 대변에 기입하는 방법을 총기법이라 한다. 이 경우 상품계정은 자산의 계정과 수익 계정의 성격이 혼합되게 되므로 잔액은 대차 어느 쪽에도 생길 수 있고 별도의 분석계산이 필요하게 된다.

1) 분할상품 계정

① 이월상품 계정(자산) : 판매 되지 않고 남은 재고액
② 매입 계정(비용) : 상품을 사들여올 때 쓰인 돈
③ 매출 계정(수익) : 상품을 판매(이익 포함)해서 벌어들인 돈

4. 3분법

분기법 적용이 곤란한 경우에는 상품계정의 내용이 불분명해지는 총기법을 적용하는 대신에 상품계정의 내용을 적당히 분류하여 몇 개의 순수한 계정에 나누어 기입하는 방법이 널리 이용된다.

그중 대표적인 것은 상품 계정의 내용을 매입액, 매출액, 이월액으로 분류하여 각각 매입 계정, 매출 계정, 이월상품 계정에 기입하는 3분법이다.

매입 계정은 비용의 계정으로 잔액은 차변에 생기어 손매입액을 표시하고, 매출 계정수익의 계정으로써의 잔액은 대변에 생기어 순매출액을 표시하며,

이월상품은 자산의 계정으로 잔액은 차변에 생기어 상품의 기초재고액(전기이월액)을 표시한다.

매입

총매입액 (매입대금, 부대비용	매입환출 에누리액 순매입액

매출

매출환입 에누리액 순매출액	총매출액

이월상품

전기이월액 (기초재고액)	

1) 3분법의 회계처리

결산일에 이르러 상품의 기말재고액을 조사 결정하고 상품매출손익을 계산한다.

① 이월상품 계정의 상품기초 재고액을 (전기이월액) 매입 계정에 대체한다.

차) 매입+++ // 대) 이월상품+++

② 상품의 기말재고액(차기이월액)을 매입 계정의 대변과 이월상품 계정의 차변에 각각 기입한다.

③ 매출 계정의 잔액을 (순매출액) 손익 계정에 대체한다.

차) 매출+++ // 대) 손익+++

④ 매입 계정의 잔액(매출원가 = 순매입액 + 기초재고액 - 기말재고액)을 손익 계정에 대체한다.

차) 손익+++ // 대) 매입+++

제3절 유형자산의 감가상각

1. 감가상각

건물이나 기계장치와 같은 유형자산은 시간이 지나거나 사용하면 가치가 점차 감소된다. 감소하는 유형자산의 가치를 비용으로 처리하고 해당 자산의 장부금액을 감소시키는 회계처리를 감가상각이라 한다. 감가상각은 크게 두 부분으로 나눌 수 있다.

① 사용에 따른 가치 하락부분 : 사람 손이 타면 물건이 낡게 마련이다.

② 시간의 경과에 따른 가치부분 : 새로 나온 제품과 과거에 나온 제품가격이 같다고 보는 사람은 없다.

새 제품을 사서 사용하게 되면 흠집도 생기고 충격으로 인해 고장도 나게 된다. 더불어 시간이 지남에 따라 신제품이 등장하고 필연적으로 기존 제품의 가격이 하락하는 현상도 흔히 볼 수 있다.

즉 감가상각은 "물건의 사용(사용한다는 것은 시간의 경과가 반드시 필요함)에 따른 가치하락부분"이라 요약할 수 있다.

1) 감가 : 유형자산은 일반적으로 사용하거나 시간 경과 등 여러 가지 원인에 의해 경제적으로 그 가치가 감소하는 현상을 말한다.

2) 감가상각 : 가치의 감소액을 유형자산의 장부금액에서 감소시키고 재무상태와 손익계산서에 반영하는 회계절차를 말한다.

3) 감가상각비 : 가치의 감소액을 당기 비용으로 회계처리 시 사용하는 것을 말한다.

2. 유형자산의 구분

(1) 유형자산

① 비상각 자산 : 토지, 건설 중인 자산 등은 자산의 감소가 없다.

② 감각상각 자산 : 건물, 기계장치, 차량운반구, 비품 등은 가치의 감소가 있다.

3. 감가상각 계산

유형자산의 사용시간의 경과에 따라 유형자산의 가치가 점차로 감소되는 것을 감가라 하며 결산일에 회계기간 중의 감가를 추산하여 고정자산의 장부가액을 직접 또는 간접으로 공제하는 절차를 감가상각이라 한다. 이때 유형자산의 장부가액에서 공제한 감가추상액은 당기의 비용으로 계상되는데, 이것을 감가상각비라 하며 감가상각비계정으로 처리한다.

감가상각의 3요소 : 취득원가, 내용연수(수명), 잔존가치(폐기처분 예상액)

예 자동차를 ₩10,000,000을 주고 구입했다면, 이 차의 내용연수 즉 수명은 5년이라 하고, 잔존가치는 ₩1,000,000이라고 하자.

① 정액법 : 취득원가에서 잔존가액을 공제한 금액을 내용연수로 나누어 매가의 감가상각액을 계산하는 방법을 정액법이라 한다.(매년 동일금액 잔존가치)

$$\text{감가상각액} = \frac{\text{취득원가 - 잔존가치}}{\text{내용연수}} = \text{1년분 상각액}$$

해설)

$$\frac{10,000,000 - 1,000,000}{\text{5년}} = ₩1,800,000 \text{ (1년 상각)}$$

② 정률법 : 다음과 같이 계산된 감가상각률(정률)을 '미상각잔액'(장부가액이라고도 함)에 곱하여 매년의 감가상각액을 계산하는 방법을 말한다.

$$정률 = 1 - \frac{잔존가액}{취득원가}$$

감가상가액 = 장부가액 * 정률(정률%는 주어진다.)

예 자동차 ₩10,000,000원 구입 시, 정율 0.2%로 정한다면(정률법 참고)

미상각잔액(장부가액) * 정률(0.2)

1차연도 : ₩10,000,000*0.2 = 2,000,000
2차연도 : ₩8,000,000*0.2 = 1,600,000 (-3,600,000)
3차연도 : ₩6,400,000*0.2 = 1,280,000 (-4,880,000)
4차연도 : ....!

4. 감가상각에 대한 회계처리

감가상각을 분개처리하면 다음과 같다.

(감가상각 - 분개)

① 직접법 : 차) 감가상각비 1,800,000 // 대) 차량운반구 1,800,000
(비용)

② 간접법 : 차) 감가상각비 1,800,000 // 대) (계정과목)
감가상각누계액 1,800,000
* 해당계정과목이 오며 건물, 비품, 차량운반구 등 계정과목을 말한다.

5. 영업권 계정

오랜 시일 영업해 온 결과 사업상 유리한 조건, 기술의 특색 등으로 인하여 다른 기업보다 초과 수익력을 가지고 있을 때 이 기업을 양수할 경우 순재산을 초과하여 지급하는 대가를 영업권이라 한다.

① 특허권 : 일정기간 발명품에 대하여 독점적으로 이용할 수 있는 권리
② 실용신안권 : 물건의 구조와 용도를 고안하여 전용할 수 있는 권리
③ 의장권 : 미관을 위조하여 물품의 형상, 도안 등을 전용할 수 있는 권리
④ 광업권 : 일정한 광구에서 광물을 채굴할 수 있는 권리
⑤ 어업권 : 일정한 수역에서 어업을 경영할 수 있는 권리
⑥ 차지권 : 임차료, 즉 타인의 토지를 사용하여 수익할 수 있는 권리
@법률상의 권리를 나타내는 무형 고정자산. 법률상의 권리와 관계없는 사실상 가치의 무형 고정자산(영업권)

단원용어 이해

1. 인명계정 : 이름, 간판 등
2. 대손충당금 : 회수불능상태
3. 감가상각 : 사용에 따라, 시간경과에 따라 가치하락
4. 선급금 : 계약금 미리 지급
5. 미수금 : 비품판매 못 받음

학습용어

1. 대손의 회계처리 3가지

① 대손의 예상

기업의 중요한 채권 받을 권리가 있는 돈을 못 받을 비상사태에 대비하여 대손충당금을 마련하는 작업을 말한다.(생활의 저축과 같다.)
예상시기 : 기말 결산 시(12월 31일)
계산방법은 보충법을 쓴다.
기말 매출채권 잔액 * 대손예상률 %(2~3%), 현재 대손충당금 잔액.
대손충당금 성격 : 매출채권의 차감적 평가계정
(기본 분개형식) 차) 대손상각비+++ // 대) 대손충당금+++

② 대손의 발생

실제 거래처 파산 - 진짜 큰일(채권회수 불능) 발생 시
(차) 대손충당금+++ // 대) 외상매출금+++

③ 대손처리채권회수

처리했던 대손금액이 천만다행으로 회수
차) 현금+++ // 대) 대손충당금+++

2. 미수금

상품 이외자산(비품, 건물) 처분대금을 아직 못 받은 상태를 말한다.

- 채권(자산) 계정과목

자산 처분 시 차변에 간직하고 있던 장부가액 그대로 대변에 내보내야 감소한다.

3. 선급금

상품매입 주문 시 상품인수 전 : 계약금을 미리 지급한다. 이것이 나의 자산이다.

실제상품 인수 : 대변에서 감소된다.

4. 가지급금

현금의 지출은 확실히 일어난다. 예 화재, 도난, 금전피해 시

그러나 금액이나 계정과목이 확정되지 않는 상태라는 점에 주의해야 한다.

임시계정 처리한다.

(차) : 확정 계정과목이 나타나면 대변으로 감소한다.

5. 미결산

재산 변동의 사건은 진행 중이다. 그러나 금액이나 계정과목이 확정되지 않은 상태가 임시계정이다.
(차) : 확정 계정과목이 나타나면 대변으로 감소한다.

예 당좌자산 기출 4문제가 예상된다.
① 현금 및 현금성자산
② 매출채권에 대한 대손 회계처리
③ 단기매매증권의 회계처리
④ 현금과부족

예 가지급금, 미결산, 선급금 계정처리과정이 예상된다.
① 출장 시 회계처리
② 미결산 시(화재보험 처리, 현금도난, 돈 빌려주는 등)

학습토론

1. 감가상각비에 대해 설명하시오.

2. 외상매출금 계정에 대해 설명하시오.

3. 대손충당금이란?

4. 가지급금이란?

5. 선급금이란?

제 9 장

유동자산의 이해

1. 유동자산

기업의 재무상태는 자산, 부채, 자본으로 구성되어 있으며, 재무제표에 보고된다.

재무상태 중 자산은 기업이 소유한 경제적 자원을 총칭하는 것이기 때문에 매우 다양한 항목들로 구성되어 있다.

그러므로 일정한 기준에 의해 이들을 구분할 필요가 있다. 기업회계기준에서는 1년 이내에 현금화가 가능한 자산은 유동자산으로, 그렇지 않은 자산은 비유동자산으로 구분한다. 유동자산은 다시 당좌자산과 재고자산으로 구분하며, 단기 지급능력에 관한 정보를 제공한다. 즉 유동자산과 비유동자산으로 분류할 때에는 1년 또는 정상영업주기를 기준으로 한다. 1년 기준은 1년 이내에 현금으로 전환될 수 있거나 판매 또는 소비되리라고 예측되는 자산은 유동자산으로 분류하고, 그렇지 않은 것은 비유동자산으로 분류한다.

자산과 부채를 1년 기준으로 구분하는 이유는 1년 이내에 현금화되는 자산과 1년에 이어 상환기간이 도래하는 부채를 파악하여 기업의 단기 지급능력인 유동성을 평가하기 위한 것이다.

〈자산의 분류〉

당좌자산 : 현금 및 현금성자산, 단기금융상품, 단기매매증권, 매출채권, 선급비용

(유동자산) - 재고자산 : 상품, 제품, 반제품, 원재료 등

〈자산〉

(비유동자산) : 투자자산
유형자산
무형자산
기타 비유동자산

2. 당좌자산

유동자산 중에서 이미 환금화되어 있거나 1년 이내에 환금화될 것이 거의 확실한 자산을 말한다. 당좌자산은 판매과정을 거치지 않고 직접 또는 간접으로 현금화해서 사용할 수 있기 때문에 유동성이 매우 큰 자산이다. 이때 유동성이란 현금으로의 전환 가능성을 의미하며 현금으로의 전환 가능성이 높을수록 유동성이 높다.

당좌자산의 분류

과 목	의 의
현금 및 현금성자산	통화 및 통화대용증권과 당좌예금, 보통예금 및 현금성자산
단기금융상품	1년 내에 만기일이 도래하는 정기예금, 정기적금
단기매매증권	1년 이내 보유 목적의 주식, 채권, 공채, 국채 등
매출채권	일반적 상거래에서 발생한 외상매출금과 받을어음
단기대여금	회수기한이 1년 이내에 도래하는 대여금
미수금	일반적 상거래 이외에서 발생한 미수채권
미수수익	당기에 속하는 수익 중 미수액
선급금	상품, 원재료 등의 매입을 위하여 미리 지급한 금액
선급비용	미리 지급한 비용 중 소멸되지 않은 금액

3. 현금 및 현금성자산

큰 거래비용 없이 쉽게 현금화할 수 있는 일종의 대기 투자자금. 대차대조표상 '현금 및 현금성자산'과 '단기금융상품'을 종합한 자산이다. 현금이나 수표, 통화대용증권, 당좌, 보통예금은 물론 이자율 변동 등으로 인해 가치가 크게 변할 우려가 작은 단기금융상품 등으로 취득 당시 만기일(또는 상환일)이 3개월 이내인 것이 이에 속한다.

(1) 통화 및 타인발행수표 등 통화대용증권과 당좌예금, 보통예금, 현금성자산으로 한다.

(2) 현금성자산이란 큰 거래비용 없이 현금으로 전환이 용이하고, 이자율 변동에 따른 가치변동의 위험이 중요하지 않은 유가증권 및 단기금융상품으로, 취득 당시 만기(또는 상환일)가 3개월 이내에 도래하는 것을 말한다. 따라서 현금 및 현금성자산에는 통화, 통화대용증권, 당좌예금, 보통예금, 현금성자산이 포함된다.

제10장 비유동부채(빚), 사채이해

제1절 기업의 사채발행과 계정

1. 비유동부채

비유동부채 상환기간이 1년 이상인 장기부채를 말한다. 속하는 계정과목에는 다음과 같은 종류가 있다.

사채, 퇴직급여충당부채, 장기 차입금, 장기매입채무, 장기미지급금 등의 종류 중에서 사채의 발행과 퇴직급여충당부채를 생각하도록 하자.

2. 사채의 발행과 구입

기업 입장에서 사채를 구입하는 경우와 사채를 발행하는 경우 중 사채 발행 시에는 기업에 부채증가를, 사채 구입 시에는 기업의 자산증가로 볼 수 있다. 즉 사채는 주식회사가 그 사업자금을 조달하기 위하여 발행하는 고정부채이다.

사채의 발행총액(액면)은 자본금과 잉여금(순재산)을 초과할 수 없으며, 사채의 발행 시에는 사채이자에 대한 지급조건, 상환조건 등이 따르게 된다.

〈사채의 종류〉

- 국채 : 국가가 발행하는 것으로 건국국채, 도로국채, 국민투자채권 등이 있다.
- 지방채 : 지방자치단체가 발행하는 것으로 지하철공채, 상수도공채, 도로공채 등이 있음
- 특수채 : 특별법에 의해 설립된 법인이 발행하는 것으로 전력채권, 토지개발채권, 금융채(통화안정증권, 산업금융채권 등) 등이 있음
- 회사채 : 주식회사에서 발행하는 것으로 일반사채(보증사채, 무보증사채, 담보부사채)와 주식 관련 사채(전환사채, 신주인수권부사채, 교환사채) 등이 있음

1) 기업이 주체

구입목적에 따라 — 사채 구입(자산)

* 단기매매증권(단기 차액)
* 매도가능증권(장기 보유)
* 만기보유증권(만기 보유)

사채 발행(부채) — 사채계정(비유동부채)

2) 사채의 발행방법 3가지

사채발행 시 부채증가, 즉 돈을 빌린다.

① 액면발행 : 액면금액 = 발행금액

② 할인발행 : 액면금액 〉 발행금액

③ 할증발행 : 액면금액 〈 발행금액

제2절 자본금의 처리

1. 자본금

개인기업의 자본을 자본금이라고 하며 그 증감은 자본금 계정으로 처리한다. 기업주의 원시 출자(개업 시의 출자), 추가출자 및 이익의 계정 등에 의하여 자본이 증가하였을 때 그 금액을 자본금 계정의 대변에 기입하고 기업주(또는 그 가족)의 현금, 상품 등의 사용, 기업주 부담의 보험료, 소득세 등 대신에 지급 및 순손실의 계상에 의하여 자본이 감소하였을 때 그 차변에 기입한다. 자본금 계정은 유일한 자본의 계정으로, 잔액은 대변에 생기며 자본금의 현재액을 표시한다.

따라서 자본금은 기업주가 출자한 것과 추가 출자액 및 순손익을 가감한 금액을 뜻한다.

<table>
<tr><th>-</th><th>자본금 +</th></tr>
<tr><td>인출액, 순손실</td><td rowspan="2">원시 출자액
(추가출자액)
(순 이 익)</td></tr>
<tr><td>자본금의 현재액</td></tr>
</table>

(주) 법인기업에서도 자본금 계정을 사용하나 그 성격은 같지 않다.

자본 : 자본금, 자본잉여금, 이익잉여금

<table>
<tr><td rowspan="4">자 산</td><td>(부채 상환용)
자 산</td><td colspan="2">부 채</td></tr>
<tr><td rowspan="3">순자산</td><td rowspan="3">자본</td><td>자본금</td></tr>
<tr><td>자본잉여금</td></tr>
<tr><td>이익잉여금</td></tr>
</table>

* 이 순자산 중 자본금을 초과한 부분을 잉여금이라 한다.

2. 인출금 계정

개인기업에서 기업주가 영업용 재산을 사용하여 소비하는 경우가 있다. 이를 인출금이라 한다.

기업주의 인출이 빈번한 경우에는 이들을 직접 자본금 계정으로 처리하지 않고 일단 인출계정의 잔액의 차변에 기입하였다가 결산 때 일괄하여 자본금 계정에 대체하는 것이 좋다. 인출금 계정은 자본금에 대한 평가계정으로 잔액은 차변에 생겨 인출금의 현재액을 표시한다.

인출금

사 용 액 (대신지급액)	인출금의 현재액 (자본금에서 공제)

(주) 기업주의 인출금 반납, 순손익 대체 등을 인출금 계정에 기입하는 경우도 있다. 이 경우 인출금 계정의 잔액은 대차 어느 쪽에도 생길 수 있다.

개인기업의 자본금 계정에 대하여 참고하시오.

자본금

인 출 액	전기이월액
차기이월액 (기말자본금)	영업개시출자액 *추가출자액 *당기순이익

* 당기순이익 발생 시

자본금

인 출 액 당기순손실	전기이월액
차기이월액 (기말자본금)	영업개시 출자액 *추가출자액

* 당기순손실 발생 시

기업

개인기업 : 자기 자신이 영업개시하면 된다.

주식회사 : (주) 여러 사람이 모여 설립하고, 자본금 조달은 주식 발행을 이용한다.

((주)설립 - 주식 발행)

주식발행 방법(3가지) : 주식회사가 자금을 조달할 때, 다음과 같은 방법으로 조달한다.

액면금액이란 주식인쇄금액을 밀한다.

발행금액이란 주주회사납부금액을 말한다.

① 액면금액 : 액면금액 = 발행금액(액면금액과 발행금액이 같은 경우)

예 액면 ₩50,000 = 발행 ₩50,000

② 할증금액 : 액면금액 〈 발행금액(액면금액보다 발행금액이 많을 경우)

예 액면 ₩50,000 〈 발행 ₩60,000

③ 할인금액 : 액면금액 〉 발행금액(발행금액이 적을 수도 있다.)

예 액면 ₩50,000 〉 발행 ₩40,000

주식 발행 시 분개

법정자금 @5,000*10주 = ₩50,000(법정금액)

// 대) 자본금+++(액면금액*발행주식 수) : 법정자본금이라 한다.

① 액면금액 : 차) 현금 50,000 // 대) 자본금 50,000

② 할증금액 : 차) 현금 60,000 // 대) 자본금 50,000
주식발행초과금 10,000

③ 할인금액 : 차) 현금 40,000 // 대) 자본금 50,000
주식할인발행차금 10,000

3. 증자와 감자

① 증자(자본금 증가) = 주식발행으로 자본금 증가 시

실질적 증가(유상증자) → 순자산 증가

형식적 증자(무상증자) → 잉여금 → 자본금

(주식발행 초과금)

② 감자(자본금 감소) = 주식 매입소각

실질적 감자(유상감자) = 순자산 감소

형식적 감자(무상감자) = 순손실

4. 자본조정

자본조정이란 자본을 가산하거나 차감하는 것을 뜻한다.

주식회사 자본은 5가지로 구성되어 있다. 일반회계 기준에 따라 참고하도록 한다.

(주) 자본의 5가지 구성

① 자본금(법정자본금) : 주식 수에 액면금액을 곱한 것을 말한다.

② 자본잉여금 : 법정 자본금 초과를 말한다.(주식발행 초과, 감자차익, 자기주식처분 이익)

③ 자본조정

④ 기타 포괄손익

⑤ 이익잉여금

자본조정

(−) 차감항목 : 주식할인발행차금, 자기주식, 자기주식처분손실, 감자차손 등이 있다.

(+) 가산항목 : 미교부주식배당금 등이 있고, 현금 대신 주식 배당하는 것을 말한다.

주식 발행방법 3가지

발행방법	발행금액과 액면금액	차변	대변
평가발행(액면발행)	발행금액 = 액면금액	당좌예금 100,000	자본금 100,000
할인 발행	발행금액 〈 액면금액	당좌예금 90,000 주식할인발행차금 10,000	자본금 100,000
할증 발행	발행금액 〉 액면금액	당좌예금 110,000	자본금 100,000 주식발행초과금 10,000

5. 이익잉여금

주식회사의 이익잉여금은 미처분이익잉여금 임시계정으로 하고, 주주총회 후 배당, 세금 등으로 나눈다.

주식회사는 법적으로 인격을 부여받은 기업이다.

예 (주)○○주식회사(인격체가 된다.)

이익잉여금 : 기업의 당기순이익 중 일부분을 회사 내에 유보한 금액이다. (장래에 대비해서)

① 법정적립금 : 강제적금이라고도 하며, 이익준비금을 남겨야 한다.
예 금전 배당금에 1/10 이상 남겨야 한다.

② 임의적립금 : 회사에 임의 적립하며, 적극적 적립금(사업확장적립금, 감채적 적립금), 자산증식과 부채감소 준비금, 소극적 적립금(퇴직급여적립금, 배당평균적립금, 결손보전적립금), 장래손실대비 등을 말한다.

③ 미처분이익잉여금 : 아직 처분하기 전의 이익잉여금을 말하며, 전기이

월미처분이익잉여금과 당기순이익을 말한다.

그리고 주주총회 후 처분을 결정한다.

결산 시) 손 익

비용	4,000,000	수익	5,000,000
미처분이익잉여금	1,000,000		

분개) 차) 손익 1,000,000 / 대) 미처분이익잉여금 1,000,000

제3절 투자와 사채의 이해

1) 사채의 발행

사채는 주식회사가 그 사업자금을 조달하기 위하여 발행하는 고정부채이며, 사채의 발행에는 액면가액과 발행가액이 같은 평가발행, 액면가액 이하로 발행하는 할인발행, 액면가액 이상으로 발행하는 할증발행이 있다.

{ 참고연구 }

① **평가발행**

사채의 발행은 부채의 증가이므로 액면가액대로 사채 계정 대변에 가입한다.

예 액면가액 ₩1,000,000 = 발행가액 ₩1,000,000

(차) 당좌예금 1,000,000 // 대) 사채 1,000,000

② **할인발행**

사채 발행 시 액면가액은 사채 계정 대변에 기입하고 액면가액과 발행가액 간의 차액은 사채 할인발행 차금 계정 차변에 기입한다.

예 ₩1,000,000 〉 발행가액 ₩900,000

(차) 당좌예금 900,000 // 대) 사채 1,000,000

사채할인발행차금 100,000

③ **초과발행**

사채 발행 시 액면가액은 사채 계정 대변에 기입하고, 발행 초과액은 사채 발행 초과금 계정 대변에 기입한다.

예 액면 ₩1,100,000 // (대) 사채 1,000,000

사채발행초과금 : 100,000

2) 투자자산

투자자산은 다른 회사를 지배하거나 여유자금을 활용하기 위하여 취득한 자산으로 장기성 예금, 투자 유가증권, 출자금, 관계 회사 유가증권, 관계회사 출자금, 투자 부동산 등이 있다.

3) 기타 자산

기타 자산에는 정기 대여금, 주주, 임원, 종업원, 장기 대여금, 관계 회사 대여금 등의 대여금과 전세권, 전신 전화 가입권, 임차 보증금, 영업 보증금, 장기성 받을어음, 부도어음 등이 있다.

4) 이연자산

이연자산 당기에 발생한 비용이라도 당기의 비용으로 계상하지 않고 차기에 이월시켜 구시산 동안 비용으로 계상하는 비용, 기업회계 기준에 이연자산은 창업비, 개업비, 신주 발행비, 사채 발행비, 시험 연구비, 환율 조정차 등이 있다.

5) 주식회사 설립

발기인은 주식회사의 설립을 준비하고 그 설립사무를 집행한다. 즉 회사의 정관을 작성하고 그 정관에 서명날인 또는 서명한 사람을 말한다. 실제로 회사 설립사무를 집행하였으나 정관에 발기인으로 기명날인 또는 서명을 하지 않은 사람은 발기인이 아닌 유사발기인이고, 회사 설립사무를 실제로 집행하지 않았지만 정관에 발기인으로 서명날인 또는 서명을 한 사람은 발기인이 된다. 그리고 발기인은 설립하는 회사의 주식을 1주라도 인수해야 한다.

발기인은 자격 제한이 없다.

발기인의 인원 수는 상법에 별도의 제한이 없으므로 1명도 회사를 설립할 수 있다.

학습용어

1. 사채의 발행방법(3가지) : 사채 발행 시 부채증가, 즉 돈을 빌린다.
   ① 액면발행 : 액면금액 = 발행금액
   ② 할인발행 : 액면금액 〉 발행금액
   ③ 할증발행 : 액면금액 〈 발행금액
2. 증자(자본금 증가) = 주식발행으로 자본금 증가 시
3. 감자(자본금 감소) = 주식매입 소각
4. 자본조정 : 자본을 가산하거나 차감한다.
5. 법정적립금 : 강제적금이라고도 하며, 이익준비금을 남겨야 한다.
   예 금전 배당금에 1/10 이상 남겨야 한다.

학습토론

1. 사채의 발행이란?

2. 증자와 감자에 대해 설명하시오.

3. 이익잉여금이란?

제11장 전표회계의 이해

제1절 전표회계

1. 전표의 정의

전표(slip)란 기업의 규모가 확대되고 업무가 복잡해짐에 따라 각 부처 간에 업무의 전달, 책임소재의 확인, 기장사무의 효율화를 위하여 사용되는 일정한 크기와 형식을 갖춘 지편을 말하며, 전표를 작성하는 것을 기표라고 한다. 이러한 전표로 분개장을 대신하여 거래를 기록하여 총계정원장에도 전기하는 회계처리방식을 전표회계라고 한다.

전표는 기업에 따라 차이가 있으나, 보통 사용되는 입금전표, 출금전표, 대체전표 등이 있다.

전표 예 음식점, 주문 시(종이쪽지 기록), 분개하는 쪽지. 거래가 발생하면 - 분개 - 분개장 - 총계정원장 // 결산, 보고서 전표 분개장 대신 전표작성 전산회계 가장 기본적인 기록 : 전표를 보고 컴퓨터에 입력한다.

거래 – 전표 – 일계표 – 총계정원장
(기입) (집계) (전기)

2. 전표회계

분개장 대신 전표 이용~총계정원장 3전표제 사용 : 입금전표, 출금전표, 대체전표

- 입금전표 : 입금의 거래를 기입하는 전표로 붉은색으로 되어 있다.
- 출금전표 : 출금거래를 기입하는 전표라고도 하며 청색으로 되어 있다.
- 대체전표 : 현금의 수입과 지출이 수반되지 않는 거래를 기입하는 전표로서 검은색으로 인쇄하여 사용하고 있다. 대체거래는 대체전표에 기입한다.

매입전표

동국상사 | 20**년 @일 *일

품 명	수량	단 가	금 액	적 요
갑 상 품		@₩300	60000	
합 계			₩60000	

매출전표

품 명	수량	단 가	금 액	적 요
갑 상 품	100	@₩500	50000	
을 상 품	100	@₩450	45000	
합 계			₩95000	

〈회계의 전산화〉

1. 회계 관련 자료를 보다 신속, 정확하게 처리
2. 전산화가 이루어져도 회계 담당자는 회계지식을 갖추어야 함

   ERP : 전산적 자원 관리(재무, 회계, 생산, 물류, 인사, 통합관리)

전표는 일정한 양식에 간단명료하게 기입한다.

3. 전표의 특징

① 각 과, 계별로 기장사무를 분담할 수 있다.

② 총계정원장에 전기의 횟수를 줄일 수 있다.

③ 분개장의 대용이 되어 장부 조직을 간소화할 수 있다.

④ 거래를 다른 과, 계에 쉽게 전달할 수 있다.

⑤ 책임 소재를 명확히 한다.

⑥ 장부 검사의 수단으로 이용할 수 있다.

(1) 전표제도

① 전표를 그대로 철하면 분개장 역할을 한다.

② 매입전표를 철하면 매입장이 된다.

③ 매출전표를 철하면 매출장이 된다.

(2) 전표의 종류

① 분개전표 = 1전표제

② 입금전표, 출금전표, 대체전표 = 3전표제(현금 수입, 지출) @전산회계 사용

③ 입금전표, 출금전표, 대체전표, 매입전표, 매출전표 = 5전표제(유통업상품 매입매출 시)

4. 전표제

① 입금전표 : 현금 // +++(계정과목)

② 출금전표 : +++ // 현금

③ 대체전표 : +++ // +++

(전표 집계표 전기방법)

거래 - 전표 - 전표집계표 - (전기) - 총계정원장

약식전표

5/5 (차) 현금 200,000 // (대) 매출 200,000(상품매출 시)
* 현금이 들어온 경우, 차변 현금
입금전표 * 차변의 상대편 계정 작성
매출 200,000

6/6 (차) 통신비 50,000 // (대) 현금 500,000
* 현금이 나간 경우, 대변 현금
출금전표 대변의 상대편 계정
통신비 50,000

7/7 (차) 매입 300,000 // (대) 외상매입금 300,000
* 전부 대체거래 대체전표
매입 300,000 외상매입금 300,000

(일부 대체거래)

8/8 (차) 매입 150,000 // (대) 현금 50,000
외상매입금 100,000
* 나누어서 작성한다.

차) 매입 50,000 // 대) 현금 50,000 = 출금전표
매입 100,000 // 대) 외상매입금 100,000 = 대체전표(두 장으로 한다.)

5. 회계의 전산화

ERP 전산화 거래 - 회계, 물류, 생산출금 - 직원수당까지 자동화된다.

중소기업에서 많이 사용하는 프로그램은 몇 종류가 있는데, 비용의 적정성에 대해서는 도입하는 기업체 입장에 따라 조금씩 다르게 느껴질 부분이 아닌가 한다.

ERP시스템에는 다양한 기능이 탑재되어 있는데 영업, 회계, 재고, 생산, 인사관리 등 어떤 업무영역에 대하여 사용할 예정인지 결정해야 한다.

ERP 회계시스템의 경우 우선 주로 회계업무 쪽에 대해 Needs가 있다는 가정하에 몇 가지 프로그램을 추천하자면, 엄격히 말해서 ERP는 아니고 회계프로그램이지만 중소기업에서 많이 사용하는 더존, 세무사랑 프로그램과 ERP형 프로그램인 SERP 이렇게 3가지가 있다.

〈SERP 프로그램〉

① 패키지형 SERP 프로그램 중에서 중소기업에서 가장 널리 사용하고 있는 SERP 프로그램이다.

② 영업, 재고, 회계 등의 기존 SERP기능에 기업체의 모든 은행통장과 법인카드 내역을 실시간으로 조회하고 그 내역을 바로 전표처리할 수 있도록 만든 금융관리기능을 접목시킨 새로운 개념의 중소기업 SERP이다.

〈더존〉

① 기본 모듈이 재무회계이고 인사급여, 물류, 생산, 건설회계, 세무조정 등 모듈 추가 시 별도의 비용이 있다.

〈세무사랑〉

① 한국세무사회 전산회계 자격증 실기시험 프로그램인 케이렙과 같은 프로그램

② 전산회계 자격증을 취득하면서 프로그램 입력방법을 배우고 입력하는 사례도 많음

제2절 주식의 이해

1. 주식

주식이란 기업이 발행하는 유가증권의 하나로 투자자로부터 돈을 받고 그 증표를 발행한 것을 말한다. 주식의 발행을 통하여 여러 사람으로부터 자본을 조달받는 회사, 즉 주주로 조직된 유한책임회사

① 주식의 발행 : 자본을 모집하는 주식을 발행하여 현금으로 납입금을 받는 것

② 주식회사의 설립 : 7인 이상의 발기인이 정관에 서명 날인해야 한다.

③ 사채 : 주식회사가 장기간 자금을 조달하기 위해 사채권을 발행하여 교부하고 자금을 차입하는 비유동부채를 말한다.

2. 주식과 사채의 차이

① 기업이 돈이 필요해서 주식 또는 사채를 발행한다.

② 주식은 자본을 증가시키며 건전한 주식을 발행한다.

③ 남에게 돈을 빌리는 부정적인 부채(사채)가 증가한다.

주식과 사채의 차이

구분	주식	사채
성질(분류)	발행 시 자본	발행 시 부채(비유동부채)
자금조달	주식 발행(유상증자)	사채 발행
경영	주주로서 경영 참가권 있음	사채권자로서 경영 참가 불가
이자	이익이 있을 때 배당금 지급	이익에 상관없이 확정이자 지급
상환기간	주식에는 상환의무 없음	만기일에 원금 상환의무 있음
청구권리	잔여재산에 대한 청구권만 있음	주주에 우선하여 청구권 있음
액면금액	1주당 100원 이상	1좌당 10,000원 이상
유가증권	지분증권(몫)	채무증권(빚)
증권발행	발행할 주식 정관에 규정함	순자산의 4배까지 발행 가능

제3절 유가증권의 이해

1. 유가증권의 정의

유가증권을 경제적 관점에서 광의로 해석하면 재산의 소유관계를 표시한 증서로서 상품증권, 화폐증권 및 자본증권 등을 모두 포함하고 있으나 증권시장에서 매매되고 있는 유가증권은 자본조달을 위해 발행된 자본증권만을 의미한다.

① 유가증권 : 법률상 유가증권은 재산적 가치를 나타내는 증권이다.

- 단기매매증권 : 1년 내 + 이익 목적이다. (일시적, 단기적)

  * 사고파는 종잇조각

- 유가증권 : 가치 있는 종이

  - 주식

- 채권 : 국채(국가 발행)
  공채(지방자치단체, 공기업 발행)

② 유가증권의 분류

증권시장에서의 유가증권은 기업의 자금조달을 위해 발행・유통되는 자본증권으로 이에는 일정한 금액을 출자하였음을 표시한 주식과 기업 외부에 대한 채무성격의 유가증권인 채권으로 대별할 수 있다.

1) 증권시장의 의의

증권시장이란 유가증권(주로 주식과 채권)의 매매거래가 이루어지는 시장으로서 일반적으로 다음의 두 가지 의미로 쓰인다.

광의로는 장기자금의 수요자인 기업이 유가증권을 발행하거나 매출하여 필요한 자금을 조달하고 투자자가 유가증권의 매입이나 매각을 통하여 자신의 금융자산을 운용하는 일련의 과정, 즉 유가증권을 매개로 하여 발행주체와 증권회사 및 투자자 사이에서 유가증권과 자금의 수요공급이 이루어지는 추상적인 개념의 시장이다.

협의로는 다수의 매매 쌍방이 일정한 시간, 일정한 장소, 일정한 매매거래 질서하에 증권을 거래하는 구체적인 시장으로 우리나라에서는 유가증권시장과 코스닥시장, 프리보드시장을 말한다.

2) 증권시장의 구조

기업이 주식이나 채권 등을 통하여 조달한 자금은 기업의 설비투자 등에 투입되므로 회수하는 데 많은 기간이 걸리는 반면, 일반투자자가 기업에 제공한 자금은 그 투자자가 필요로 할 때에는 언제든지 회수되어 이용될 수 있어야 한다는 서로 상반된 조건을 가지고 있다.

이러한 상호 상반된 조건에 따라 증권시장은 일반적으로 기업이 유가증권을 발행하여 자금을 조달하고 일반인이 자금을 제공하여 당해 유가증권을 취득하는 발행시장과 투자자가 취득한 유가증권을 현금화할 수 있는 유통시장으로 구성되어 있다.

발행시장에서 발행된 유가증권이 유가증권시장이나 코스닥시장 상장을 통하여 유통시장에서 매매할 수 있어야 유가증권을 취득한 투자자는 투자한 자금의 회수가 가능하고 발행주체도 계속 유가증권을 원활히 발행할 수 있다. 유통시장은 한국증권선물거래소가 개설한 유가증권시장, 코스닥시장, 선물시장 및 한국증권업협회가 개설한 프리보드시장을 통해서 유가증권의 매매가 이루어지는 시장을 말한다.

3) 주식

보통주, 우선주, 후배주, 혼합주 등

4) 채권

(1) 국공채

① 국채 : 재정증권, 국민주택채권, 외국환평형기금채권, 국고채 등
② 지방채 : 도시철도공채(서울, 부산), 상수도공채, 도로공채 등
③ 특수채 : 전력공사채권, 토지개발채권 등
④ 금융채 : 통화안정증권, 산업금융채권, 중소기업금융채 등

(2) 회사채 : 보증·무보증사채, 담보·무담보사채 등

(3) 주식 관련 사채 : 전환사채, 신주인수권부사채, 교환사채 등

5) 기타

수익증권 등

6) 증권시장의 경제적 기능과 역할

(1) 산업자본의 조달기능

기업의 측면에서 증권시장은 증권발행이란 수단을 통하여 대중의 영세 유휴자금을 널리 모집 흡수하여 이것을 장기 안정적 산업자금으로 조달하게 된다. 따라서 증권시장은 기업에 대하여는 자금조달원이 됨과 동시에 유동성 자금을 산업자본화함으로써 시설투자 확대 및 기술혁신 그리고 대량생산을 통하여 기업의 체질강화 및 국제경쟁력을 증진시키는 기능을 지니고 있다.

(2) 투자수단의 제공

일반대중에 대하여 증권시장은 저축 내지 자산의 운용을 위한 투자대상을 제공한다. 저축이나 자산을 운용하는 방법에는 여러 가지가 있으나 크게 나누어 부동산이나 귀금속 등과 같은 실물자산에 대한 투자와 증권투자나 은행예금 같은 금융자산에 대한 투자로 분류할 수 있다.

그런데 일반적으로 개인의 투자성향은 경제·사회가 안정되고 소득이 증대됨에 따라 실물자산보다는 금융자산을 선호하게 되고 금융자산에 대한 투자 중에서도 은행예금과 같은 간접투자보다는 주식투자나 적립식펀드 가입 같은 증권투자를 선호하는 경향이 강해진다.

(3) 소득의 재분배

사회적 측면에서 증권시장은 주식의 분산에 의하여 소득의 재분배를 구현하는 정책수단이 되고 있다. 현대 자본주의 국가는 주식의 분산을 통한 대중자본주의를 지향하고 있으며 이에 따라 증권시장은 기업공개 및 주식지분의 분산을 촉진함으로써 중산층 육성이라는 사회적 기능을 가지고 있다.

(4) 자금의 효율적 배분기능

증권시장에서 형성되는 주가는 장기적으로 기업의 수익성을 반영하므로 주가 변동에 따라 투자자금이 생산성(수익성)이 낮은 기업에서 생산성이 높은 기업으로 이동하게 되므로 자금의 효율적 배분을 촉진하게 된다.

2. 3가지 단계

취득/처분/평가(12월 31일)

1) 취득 시

1,000,000(매입가액)　　+100,000(매입제비용) : 수수료, 각종 비용 포함

1,100,000 *매입제비용은 매입가액에 포함한다.

2) 처분 시

장부가액 ₩1,100,000 *취득 시 장부가 말한다.

처분가액 ₩1,500,000 분개) 차) 현금 1,500,000 // 대) 단기매매 1,100,000

단기투자자산처분이익 400,000

3) 평가(결산 시)

12/31 시점의 시장가격을 말한다.

장부가액 : 6,200　　시가(공정가액) 100,000

(취득장부가액을)　　결산 시(12/31 현재 시가로 바꾸어 기록한다.)

3. 상법상 유가증권

① 화폐증권 : 수표, 어음 등

② 물품증권 : 화물상환증, 창고증권 등
③ 자본증권 : 주식, 사채, 국채, 공채 등(회계상 유가증권)

회계상의 유가증권은 이자, 배당, 매매차익을 얻거나 경영권 확보를 목적으로 투자의 대상이 되는 자본증권만을 의미한다. 또한 회사가 일시적 자금의 증식이나 다른 기업을 지배할 목적으로 취득한 다른 회사의 주식이나 사채 및 국·공채 등을 말한다.

1) 회계상 유가증권의 분류

① 지분증권 : 자기자본의 조달원천이 되는 증권이다.
② 채무증권 : 금전을 청구할 수 있는 권리. 국채(국가), 공채(지방자치), 사채(회사) 등을 말한다.

2) 기업회계기준서상의 분류

유가증권은 취득한 후에 단기매매증권, 매도가능증권 및 만기보유증권 중의 하나로 분류한다.

① 단기매매증권 : 단기간 내의 매매차익을 목적으로 취득한 유가증권을 말한다. 매수와 매도가 적극적이고 빈번하다.
② 만기보유증권 : 만기가 확정된 채무증권으로서 상환금액이 확정되었거나 확정이 가능한 채무증권을 만기까지 보유할 적극적인 의도와 능력이 있는 경우의 당해 유가증권을 말한다. 즉 원금과 이자의 상환금액과 상환시기가 약정에 의하여 정해져 있는 유가증권을 말한다.
③ 매도가능증권 : 모든 유가증권을 포함한다.

3) 회계상 유가증권

(1) 유가증권 : 자본증권이라고도 한다.

① 지분증권 : 주식회사 발행(주식)

② 채무증권 : 주식회사(빚) 사채, 공채, 국채 등을 말한다. 만기일이 있다.

* 취득 목적에 따라

① 주식 : 자본증식

- 단기매매증권 : 1년 이내에 파는 것(단기 소유) = 유동자산
- 매도가능증권 : 장기소유(1년 이상 소유) = 투자자산

② 채무증권 : 빚

- 단기매매증권 : 1년 이내에 파는 것(단기 소유) = 유동자산
- 매도가능증권 : 장기소유(1년 이상 소유) = 투자자산
- 만기보유증권 : 만기까지 소유

예 갑㈜ 발행주식 100주 @8,000 취득현금으로 지급하다.

차) 단기매매 800,000　　　대) 현금 800,000

수수료(비용)++++++

차) 매도가능증권 805,000　대) 현금 805,000

(원가에 포함한다.)

* 수수료 = 단기매매 - 수수료 비용 처리한다.

매도가능증권 - 원가에 포함한다.

결산 시 = 공정가치 평가(평가이익, 평가손실)

매도가능 증권 평가 이익, 손실은 = 자본에 속하는 항목이다.

제4절 주식회사의 이해

1. 주식회사

주식회사의 출발은 주주들의 출자로 시작된다. 그리고 주주들은 부를 증대시킬 목적이다.

㈜ : 상장된 기업, 한국거래소

유가증권 시장 = 증시

코스피시장(대기, 중견기업)

(시장) 코스닥시장(중, 소벤처기업)

나스닥시장(미국) 벤처기업

자스닥시장(일본) 벤처기업

프리보드시장(장외시장), 퇴출기업

2. 한국거래소

상장기업이란 주식시장에 상장되어 주식이 거래되고 있는 기업이다.

상장은 시장에 오른다는 뜻으로, 간단히 말해서 값이 나가는 주식을 사고파는 주식시장에서 주식을 판매하는 기업이다.

코스피시장은 유가증권시장이라고도 한다.

이외에는 코스닥, 프리보드 등의 주식시장도 존재하지만 규모가 가장 크고 검증절차가 가장 까다로운 것은 코스피시장이다.

주식회사는 한국거래소에 주권이 상장되었는가의 여부에 따라(상장, 비상장) 증권거래소에는 어느 정도 규모가 있는 기업만 등록이 가능하다.

그에 비해 코스닥은 규모가 조금 작아도 등록이 가능하다.

그래서 기업의 규모를 평가할 때 '상장기업인가?'라고 묻는다.

민간 상장기업, 즉 블루칩이라는 것이 있다.

예 삼성, 현대, SK 등은 누가 봐도 알아줄 대기업, 재벌기업의 주식

이 주식은 1주에 몇 십만 원씩 하고, 사두면 웬만하면 주가가 떨어지지 않고 안정되게 오를 거라 예상되는, 그래서 건강하단 뜻의 '블루'를 써서 블루칩이라 부른다.

1) 한국거래소

상장이란 시장에 오른다는 뜻이다.

상장기업 : 한국증권거래소

한국거래소의 유가증권시장에서 거래하는 유가증권시장 상장기업

코스닥시장에서 거래하는 코스닥시장 상장기업으로(벤처기업)

상장기업이 되기 위해서는 엄정한 심사기준을 통과해야만 한다.

비상장기업 : 퇴출기업, 규모 미흡

증권거래소에서 거래되지 못함

상장된 기업은 증권거래소에서 증권이 거래되고, 그렇지 않은 회사는 증권거래소에서 거래되지 못함

국내대표기업 : 대표적인 상장기업은 삼성전자, LG전자 등 1,000개 가까이

2) 코스피지수

한국증권거래소에 상장되어 거래되는 모든 주식을 대상으로 산출해 전체 장세의 흐름을 나타내는 지수이다.

증권거래소에 상장된 기업의 주식가격에 주식수를 가중평균한 시가총액지수

3) 벤처기업

① 첨단의 신기술과 아이디어를 개발하여 사업에 도전하는 기술집약형 중소기업

② 20세기 말 이후 최첨단기술 등을 목표로 한 개척과 모험정신으로 설립된 기업

③ 벤처기업이란 원래 미국에서는 다른 기업보다 상대적으로 사업의 위험성은 높으나 성공하면 높은 수익이 보장되는 기업

④ 신기술과 새로운 아이디어를 가지고 창조적·모험적 경영을 하는 기업을 포괄적으로 벤처기업이라고 한다.

4) 중견기업

대기업과 중소기업의 중간에 위치하는 기업을 가리키는 말인데 공식적 기준은 없다.

중견기업연합회는 이를 "30대 그룹에 들지 않으면서 상시종업원이 300명 이상으로 중소기업의 범위를 벗어난 기업"으로 정의하고 있다.

또 은행들은 기업여신관행 개선작업을 추진하면서 중견기업의 범위를 "자회사를 2개 이상 거느리거나 은행빚이 1백 억~2천억 원인 기업"으로 잡고 있다.

한편, 중소기업은 종업원 300인 미만이거나 자본금 80억 원 이하가 기준이며 대기업은 자산총액 5조 원이 넘는 상호출자제한집단을 말한다.

5) 우량주

보통 블루칩이라 하며, 업적과 경영내용이 좋고 배당률도 높은 회사의 주식을 말한다.

우량주에 관한 정확한 기준이나 개념이 정립되어 있는 것은 아니지만 일

반적으로 당해 회사의 재무내용이 좋고 사업의 안정성이 높고 안정배당 및 성장성이 있으며 유통성이 높은 주식을 말한다.

제5절 주식회사의 자본

1. 주식회사의 자본

1) 주식회사

흔히들 회사나 기업이름 앞이나 뒤에 (주)라는 이름이 들어가는 걸 본 적 있을 것이다.

오늘은 그냥 무심히 지나치기 쉬웠지만 우리 생활에 깊숙이 관련되어 있는 (주)라는 뜻과 주식회사의 의미에 대해 알아보겠다.

주식회사란 자기가 인수한 주식의 금액을 한도로 회사에 대하여 출자의무를 질 뿐 회사채권자에 대해서는 전혀 책임을 지지 않는 사원(간접유한책임사원), 즉 주주로만 구성되는 회사를 말한다.

어디까지나 회사의 일종이기 때문에 사단법인(社團法人)이며 영리를 목적으로 한다.

- 주주라는 다수의 출자자에 의하여 만들어진 기업형태
- 상법의 규정에 따라 정관 작성, 주식 발행에 의해 자본금 조달, 발행한 주식대금을 전액 납입받아 법원에 설립등기

* 주식회사는 사원의 개성과 회사사업과의 관계가 극도로 희박하여, 실질적으로는 자본 중심의 단체이며 물적 회사의 전형이다.

전형적인 자본단체로서, 회사의 소유와 경영이 분리되는 현상이 가장 뚜

렷하다.

즉 주식회사는 주주의 변동이 회사의 존재 및 경영에 미치는 영향이 가장 적은 회사형태로서 항구적인 사업을 경영하기 위하여 흔히 이용된다.

또 주식과 사채를 발행하여 불특정 다수인으로부터 대자본을 조달할 수 있어 회사 설립 후 지속적인 성장이 가능하다.

주식회사의 사원인 주주의 지분은 주식으로 세분화되어 그 양도가 자유로워 주주는 언제든지 주식의 양도를 통하여 투자한 자본을 용이하게 회수할 수 있다. 주주는 유한책임을 지기 때문에 회사가 해산하는 경우, 종국에 가서 주식을 포기함으로써 더 이상의 책임을 지지 않을 수 있다.

여기에 대해서는 다음에서 좀 더 자세히 다루도록 한다.

주식회사의 자본은 전부 주식으로 분할해야 하며(상법 329조 2항), 주식은 자본의 구성분자인 금액을 의미한다. 각 주주는 자기가 가지고 있는 주식금액의 자본액에 대한 비율로 회사사업에 참여하고 회사재산에 대한 몫을 가지고 있으므로 주주의 회사에 대한 권리와 의무는 주식을 단위로 하여 정해진다. 또 각 주식의 금액은 균일해야 하며(329조 3항), 이로 인하여 각 주식은 평등한 대우를 받게 된다.

주식회사는 법률상 반드시 의사결정기관인 주주총회, 업무집행과 대표기관인 이사회·대표이사와 감독기관인 감사의 세 기관을 가져야 한다. 이 밖에 상법은 필요한 경우 검사인이라는 임시감사기관을 인정하고 있다. 이와 같이 기관은 전문적으로 그 권한이 나누어지고, 사원자격과 기관자격이 분리된다. 상법은 필요기관을 세 기관으로 나누고 있으나, 자본구성에서 수권자본제도를 채용하는 동시에 경영기관의 합리화를 도모하여 회사의 최고기관인 주주총회의 권한을 상법과 정관에 정한 사항만 결의할 수 있게 하였다(361조). 또한 업무집행기관에 이사회제도를 채용하여 권한을 강화하고 감사의 권한을 회계감사만으로 한정하고 있다.

위에서 잠깐 언급했듯이 주주는 회사에 대하여 인수한 주식의 가액을 한도로 출자의무를 부담할 뿐이고, 그 밖에 아무런 의무도 부담하지 않는다(331조). 이것을 주주유한책임의 원칙이라 하며, 특히 회사채권자에 대하여 주주는 전혀 책임이 없다. 또 출자의 목적물은 금전 그 밖의 재산이고, 신용 또는 노무의 출자는 인정되지 않는다.

또 한 가지 재미있는 것은 주주는 주주총회의 결의에는 참가하지만, 업무집행에 당연히 참여하는 것은 아니다. 쉽게 생각하자면 프리랜서의 개념 정도로 이해할 수 있다.

상법은 주식회사의 회계에 관하여 강행규정으로 상세하고 신중한 규정을 두고 있다(447조 이하). 예를 들어 새로 자금조달을 필요로 하는 경우에는 신주발행에 의하여 자기자본을 증가시킬 수 있지만 회사기구를 확장하지 않고 장기이며 큰 금액의 자금이 필요한 경우, 회사가 채권을 발행하여 일반 공중으로부터 영세한 자금을 흡수하여 거액의 자금을 구성하는 타인자본의 조달방법으로, 상법은 사채제도를 인정하는 걸 들 수 있다(469조).

주식회사가 해산할 때에는 합병과 파산의 경우를 제외하고 청산절차를 밟게 되므로(531조 1항), 회사는 청산의 목적범위 내에서 존속하게 된다(245·542조). 이 경우 영업수행을 위한 기관인 이사회에 갈음하여 청산인회가 집행기관이 되고, 주식회사의 청산에는 합명회사에서와 같은 임의청산은 인정하지 않으므로, 반드시 법정청산의 엄격한 절차에 의해야 한다.

① 수권자본제도 : 설립 시 발행할 주식총수(수권주식)의 1/4 이상을 발행, 전액 납입받아 설립 등기잔여 주식은 회사설립 후 이사회의 결의로 수시로 발행, 자금을 조달하는 제도

② 주식회사의 설립방법

- 발기설립 : 발행한 주식을 발기인이 인수하고 주식대금을 납입하여 회사를 설립
- 모집설립 : 발기인이 발행한 주식의 일부만 인수. 나머지는 일반투자

자에게 공모하여 설립

- 주식청약시 : 차변) 별단예금, 대변) 신주청약증거금
- 주식발행시 : 차변) 신주청약증거금, 당좌예금, 대변) 자본금, 주식발행초과금, 별단예금

* 회사가 발행한 주식의 총수(수권주식)를 정관에 기재
* 1주의 액면금액은 ₩100 이상 균일금액이어야 함
* 주식회사의 설립에 있어서는 정관에 설립 시에 발행하는 주식의 총수와 1주의 금액을 기재하고 주식인수인의 확정, 이사・감사의 선임 등 회사의 실체를 구성하는 절차가 정관작성과 설립등기 외에 필요하다. 설립방법은 실체를 구성하는 절차에 따라 발기인만이 설립 시에 발행하는 주식총수를 인수하는 발기설립과 발기인이 주식총수의 일부만을 인수하고 나머지의 주식은 발기인 이외에 주주를 모집하는 모집설립의 2가지로 나누어진다.

쉽게 정리해서 3인 이상의 발기인이 발기인조합을 구성하여 상법이 정하는 바에 따라 정관작성, 주식인수 및 주금납입 등 일정한 절차를 거쳐 법원에 설립등기를 함으로써 설립되는 것이다.

예를 들어 실제로는 대표이사 1인, 이사 2인, 감사 1인으로 구성되는 4명이 보통이다. 설립 시의 최저 자본금은 5천만 원 이상이어야 한다.

2) 주식의 발행

- 평가발행(액면금액 = 발행가액)
- 할증발행(액면금액 〈 발행가액) : 초과액은 주식발행 초과금계정으로 처리
- 할인발행(액면금액 〉 발행가액) : 부족액은 주식할인 발행차금계정으로 처리

3) 주식발행비의 회계처리방법

- 회사설립 시 지급된 주식발행비는 창업비에 포함
- 증자 시 지급된 주식발행비는 주식의 발행가격에서 차감적으로 회계처리

2. 잉여금

1) 잉여금

자산총액에서 부채총액을 차감한 순자산 중 자본금을 초과한 부분

- 자본거래에서 발생한 자본잉여금
- 손익거래에서 발생한 이익잉여금

2) 주식회사의 자본

- 자본
  - 자본금 : 1주의 액면금액 × 발행주식 수
  - 자본잉여금 : 자본거래에서 발생한 잉여금
  - 자본조정항목 : 자본에서 가감하는 성격을 가진 일시적인 자본항목
  - 누적기타포괄손익 : 실현되지 않는 손익으로 당기손익에 반영되지 않는 항목
  - 이익잉여금 : 손익거래에서 발생한 잉여금

3) 자본잉여금

영업활동과 관련 없는 자본거래에서 발생한 잉여금. 결손보전과 자본전입 이외에는 처분할 수 없음

- 주식발행 초과금 : 주식을 액면가격 이상으로 발행 시 액면을 초과한 발행금액
- 감자차익 : 발행주식의 매입소각 시 주금의 환급액 또는 결손금 보전액보

다 큰 경우 차액

• 기타 자본잉여금(자기주식처분이익 등) : 자기주식을 매입, 처분할 때 원가보다 높게 처분 시 차액

3. 이익잉여금

• 손익거래의 순이익이 주주에게 배당되지 않고, 일부가 사내에 유보・축적되어 발생한 잉여금은 보유한다.

1) 이익준비금

• 상법규정에 의해 자본금의 1/2에 달할 때까지 매 결산기, 금전에 의한 이익배당액의 1/10 이상의 금액을 적립하도록 한 법정적립금
• 결손보전과 자본전입 이외에는 사용 못 함
• 이익준비금이 자본금의 1/2을 초과하여 적립되어 있는 경우, 초과액은 임의적립금으로 봄

2) 기타 법정적립금

상법 이외의 법령에 의해 의무적으로 적립해야 하는 법정적립금

• 기업합리화적립금 : 「조세특례제한법」 제123조에 의해 세액공제, 세액감면, 소득공제를 받는 경우 공제받은 세액상당액을 적립하는 적립금, 현재 강제 적립제도는 폐지
• 재무구조개선적립금 : 상장법인의 경우 상장법인 재무관리규정 제10조에 의해 적립

3) 임의적립금

회사의 정관규정이나 주주총회의 결의 등에 따라 임의로 적립

- 적극적 적립금 : 기업의 순자산을 증대시키기 위한 목적. 목적 달성 시 별도적립금에 대체.
  예 사업확장적립금, 간채적립금 등
- 소극적 적립금 : 회사의 순자산이 감소할 것에 대비하여 적립. 목적 달성 시 소멸
  예 별도적립금, 결손보전적립금, 배당평균적립금 등

4) 미처분이익잉여금

손익계정에서 산출된 당기순이익과 이월이익잉여금잔액을 대체

- 주주총회의 결의에 따라 : 이익준비금, 기타 법정적립금, 이익잉여금 처분에 의한 상각액, 주주배당금, 임의적립금 등으로 처분. 잔액은 차기이월이익잉여금

5) 손익의 처분

- 순이익의 처분 : 손익계정에서 산출된 당기순이익을 미처분이익잉여금에 대체. 주주총회 결의에 따라 처분. 잔액은 차기이월
- 미처분이익잉여금 = 전기이월이익잉여금(또는 전기이월미처리결손금) ± 회계처리기준 변경의 누적효과 ± 전기오류수정손익 − 중간배당액 ± 당기순손익
- 미처분이익잉여금의 처분 : 미처분이익잉여금에 임의적립금 등의 이입액을 합계한 금액에서 이익준비금, 기타 법정적립금, 이익잉여금처분에 의한 상각, 주주배당금, 임의적립금 등의 순서로 처분. 잔액은 차기이월
- 이익잉여금처분 확정시기 : 차기 초에 개최되는 주주총회의 승인을 받은 뒤에 행해지므로 대차대조표에는 미처분이익잉여금으로 표시

* 이익잉여금의 처분순서 : ① 이익준비금의 적립액, ② 기타 법정적립금의

적립액, ③ 이익잉여금처분에 의한 상각액(주식할인발행차금상각 등), ④ 주주배당금, ⑤ 임의적립금 적립액

- 순손실의 처리 : 손익계정에서 산출된 당기순손실에 영향을 미쳐 이 결손금계정에 대체, 주주총회 결의에 따라 처분, 잔액은 차기이월한다.
- 미처리결손금 = 전기이월결손금(또는 전기이월이익잉여금) ± 회계처리기준 변경의 누적효과 ± 전기오류수정손익 ± 중간배당액 ± 당기순손익
- 미처리결손금의 처리 : 이월이익잉여금, 임의적립금, 기타 법정적립금, 이익준비금, 자본잉여금의 순으로 보전처리, 잔액은 차기이월

* 결손금의 처리순서 : 임의적립금, 기타 법정적립금, 이익준비금, 자본잉여금

4. 자본조정항

- 자본총계 = 자본금 + 자본잉여금 + 이익잉여금 ± 자본조정계정
- 자본조정계정 – 차감계정 – 주식할인발행차금, 배당건설이자, 감자차손, 자기주식처분손실 등
  – 가산계정 – 미교부주식배당금, 신주청약증거금 등

1) 주식할인발행차금

- 주식발행 시 주식을 액면가액 이하로 발행하는 경우, 액면금액에서 발행가액을 차감한 차액 이익잉여금처분항목
- 주식발행연도부터 3년 이내의 기간에 매기 균등액을 상각, 미상각잔액은 대차대조표의 자본에서 차감
- 주식발행초과금잔액이 있는 경우 상계 후 계상

2) 배당건설이자

- 설립 후 2년 이내에 영업을 개시할 수 없는 경우, 정관규정에 의해 개업 전 일정기간 동안 자본금의 연 5% 이내에서 주주들에게 배당
- 자본의 차감항목, 개업 후 연 6% 초과배당 시 6%를 초과한 금액과 동일액 이상을 상각 배당건설이자상각액은 이익잉여금처분항목

5. 기타 포괄손익누계액

- 결산일 현재 미실현된 손익계상액 중 당기손익에 반영되지 않는 항목의 이익과 손실액을 과목별로 상계 후 잔액처리한다.
- 매도가능증권평가이익, 매도가능증권평가손실 등을 말한다.

학습용어

1. 주식의 발행
   - 평가발행(액면금액 = 발행가액)
   - 할증발행(액면금액 〈 발행가액) : 초과액은 주식발행 초과금 계정으로 처리
   - 할인발행(액면급액 〉 발행가액) : 부족액은 주식할인 발행차금 계정으로 처리
2. 주식회사 : 주주로만 구성되는 회사를 말한다.
3. 유가증권(자본증권이라고 한다.)
   - 지분증권 : 주식회사 발행(주식)
   - 채무증권 : 주식회사(빚) 사채, 공채, 국채 등
4. 입금전표, 출금전표, 대체전표
5. 자본잉여금 : 영업활동과 관련 없는 자본거래에서 발생한 잉여금

학습토론

1. 주식회사의 설립과 방법에 대해 설명하시오.

2. 주식의 발행 3가지를 설명하시오.

3. 주식회사의 자본이란?

4. 임의적립금이란?

5. 이익준비금이란?

6. 전표의 정의와 종류는?

7. 유가증권이란?

8. 벤처기업을 설명하시오.

9. 주식 상장기업이란?

10. 우량주에 대하여 설명하시오.

제12장 기업의 세무이해

제1절 기업세무

1. 세금의 정의

국가나 지방자치단체가 수입 조달을 목적으로 특정한 개별적 보상 없이 사경제로부터 강제적으로 징수하는 화폐 또는 재화이다.

2. 세금의 종류

1) 국세

① 내국세 : 나라 안에서 이루어지는 거래에 대하여 부과하는 세금(국세청에서 부과·징수)

- 직접세 : 소득세, 법인세, 상속세, 증여세, 부당이득세, 종합부동산세
- 간접세 : 부가가치세, 특별소비세, 주세, 인지세, 증권거래세
- 목적세 : 교육세, 교통세, 농어촌특별세

② 관세 : 외국에서 수입하는 물품들에 대하여 부과하는 세금(관세청에서

부과 · 징수)

2) 지방세

① 도세 : 특별시, 광역시 및 도에서 부과 · 징수

- 보통세 : 취득세, 등록세, 레저세, 면허세
- 목적세 : 공동시설세, 지역개발세, 지방교육세

② 시 · 군세 : 시 · 군 · 구에서 부과 · 징수

- 보통세 : 주민세, 재산세, 자동차세, 주행세, 농업소득세, 담배소비세, 도축세
- 목적세 : 도시계획세, 사업소세

제2절 개인기업의 세무환경이해

1. 개인기업

기업주가 부담해야 할 모든 세금은 인출금 계정에서 처리하며, 기업체가 부담해야 할 세금과 공과 계정에서 처리한다.

1) 소득세

당해연도 1월 1일부터 12월 31일까지의 사업을 운영한 소득금액에 대하여 과세하는 세금이다. 소득세는 사업소득자, 즉 점주가 부과해야 할 세금이므로 기업 자체에서 납부하는 경우 인출금 계정으로 처리한다.

공식 : (소득금액 = 총수입 금액 – 소요된 필요경비)

예 1) 소득세 ₩20,000을 현금으로 납부하다.

(차) 인출금 20,000 (대) 현금 20,000

이자소득, 배당소득, 근로소득 등은 이를 지급하는 자가 원천징수하여 세무서에 납부하게 된다.

예 2) 종업원 급료 ₩270,000 중 갑종근로소득세 = 7,000원을 차감한 잔액을 현금으로 납부하다.

(차) 급료 270,000 (대) 현금 263,000

소득세예수금 7,000

예 3) 원천징수한 소득세 ₩7,000을 현금으로 세무서에 납부하다.

(차) 소득세예수금 7,000 (대) 현금 7,000

2) 부가가치세

부가가치세는 재화나 용역의 거래과정에서 발생되는 부가가치에 과세하는 간접세이다.

공식 : 부가가치 = 매출금액 – 매입금액

2. 재화와 용역

1) 재화

재산가치가 있는 물건 및 권리

① 물건(유체물) : 상품, 제품, 원료, 기계, 건물 등

② 물건(자연력) : 전기, 가스, 열, 풍력 등

③ 권리 : 광업권, 특허권, 저작권 등

2) 용역

재산가치가 있는 모든 역무, 행위

① 건설업, 숙박업, 음식점업, 운수업

② 방송통신업, 정보서비스업

③ 금융업, 보험업

④ 부동산업, 임대업

⑤ 기타 각종 서비스

@부가가치세 : 부가가치세 기본 세율은 13%이며 현재 시행되고 있는 세율은 10%이다.

@상품매입 시 10%의 부가가치세를 지급한다.

(차) 현금예금 16,500　　　　(대) 매출 15,000

부가가치세 예수금 1,500

@기말결산 시 : 부가가치세 예수금을 계상한다.

(차) 부가가치세 예수금 1,500　　　　(대) 부가가치세 대급금 1,500

제3절 법인기업의 세무

1. 법인세

법인의 소득에 대하여 과세되는 조세로서 개인기업의 사업소득세에 해당

되는 조세이다.

법인기업의 소득은 법인 자체의 소득이므로 법인세 계정에서 기장 처리한다.

법인기업은 사업연도 종료 후 60일 내에 법인세의 과세표준을 신고하고 법인세를 납부해야 한다.

예 1) (중간예납 시) (차) 법인세+++ (대) 현금 예금+++

(결산 시 계산서) (차) 법인세+++ (대) 미지급 법인세+++

* 미지급 법인세 계정으로 처리하는 금액은 기말 결산 시 확정된 법인세액에서 중간 예납액을 차감한 잔액이다.

1) 법인 부가가치세

법인기업의 부가가치세 처리방법은 개인기업과 같다.

(1) 배당이란?

배당은 어떤 기업이 한 해 동안 장사를 잘 해서 목표를 달성하거나 초과이익을 거둘 경우 주주들에게 주는 성과급이라고 생각하면 된다.

일반적인 주식회사에서는 일 년 동안의 영업실적을 결산하게 된다. 그 결과를 갖고 이사회나 주주총회를 거쳐 주주들에게 이익배분을 할 수 있다. 배당은 이사회나 주주총회에서 결의하기에 따라 현금과 주식, 현금, 주식 등의 세 가지로 줄 수 있으며, 각각의 값어치는 동일하게 적용됨을 알 수 있다.

(2) 배당받기

배당을 받기 위해서는 먼저 주주명부가 폐쇄되기 전에 그 주권을 가져와야 한다. 주권이란 주식회사 주주의 권리를 뜻하며, 상장된 유가증권시장의 경우 매일매일 주주가 변하기 때문에 기준이 필요하다. 이러한 기준이 주주명부 폐쇄라는 것이다. 대한민국 기업의 대부분은 12월 30일을 기준으로 주주명부를 폐쇄한다. 즉 12월 30일 주주명부에 본인의 이름이 올라가기 위해서는 그전에 주권이 본인에게 와야 한다.

(3) 배당받는 주권

증권시장에서 주식을 사려면 먼저 예치금이 필요하다. 돈이 없는데 주권을 팔진 않기 때문이다. 그래서 주식을 사기 전에 먼저 예수금이라는 돈을 넣어둔다. 예수금으로 증권을 매입한 뒤 바로 주주가 되지는 않는다. 3일이 지난 후에야 비로소 나는 그 기업의 주주가 되는 것이다. 그렇다면 12월 30일에 본인이 주주가 되려면 12월 30일에 매수하는 것이 아니라, 늦어도 12월 28일에 매수해야 28일 29일 30일! 즉 셋째날인 30일에 본인이 주주가 되는 것이다.

(4) 배당을 위해 투자

먼저 배당을 목적으로 투자할 경우 배당금이 이자나 쿠폰보다 매력이 있는지 알아봐야 한다. 예측이란 과거의 데이터를 종합하여 미래를 예견하는 것이므로, 그 기업의 과년도 상황을 보고 투자할 매력이 있는지 판단해야 한다. 물론 이런 판단이 정확하게 들어맞으면 이 세상에는 부자가 아닌 사람이 없을 것이다.

(5) 배당을 많이 주는 기업

배당을 많이 줄 수 있는 여력이 있는 기업들은 한정되어 있다. 미래를 향하여 지속적인 투자를 감행하는 기업의 경우 배당액이 상대적으로 많이 차지한다면 성장동력이 제한될 수 있기 때문이다. 그리하여 배당은 비교적 경쟁력이 약한 기업이 많이 하게 된다. 대표적인 예로 통신업체나 담배업체 및 제지업체 등이 있다. 물론 고배당으로 말이 많은 외국계 기업도 포함된다.

(6) 배당을 많이 받으려면

기업의 재무제표를 살펴보면 고배당의 여력이 있는지 없는지를 알 수 있다.

첫 번째로는 현금유보율이 있다. 기업의 자본 대비 보유하고 있는 현금량이다. 자본잉여금이나 이익잉여금이 풍부해야 고배당을 선택할 가능성이 높다.

두 번째로는 대주주의 성향이다. 외국계 사모펀드나 외국계 기업이 주주인 경우는 배당이 높다. 국내기업의 경우 IMF를 경험한 기억이 있어서 현금을 쌓아두는 것을 최고의 목적으로 여기지만, 외국기업의 경우 주주자본주의가 목표이므로 고배당을 한다.

세 번째로는 1, 2, 3분기의 실적과 4분기의 예상실석을 찾아보는 것이다. 이것은 개인수준에서는 어렵지만 가장 정확한 지표가 될 수 있다. 당기순이익이 지난해의 분기실적보다 높아졌다면 그만큼 배당금도 증가할 수 있기 때문이다.

7. 배당은 모든 기업

앞서 말한 것과 같이 일종의 성과급이다. 따라서 기업이 흑자를 내지 못한다면, 배당을 주지 않을 가능성이 높다.

8. 우선주

우선주는 배당을 우선으로 하여 나눠준다는 뜻을 가지고 있다. 외국의 경우 우선주의 가격이 의결권을 가진 보통주보다 가격이 높지만, 배당성향이 낮은 우리나라는 보통주의 가격이 우선주보다 높다. 또한 기업의 청산 시 채권자 다음으로 우선주주가 배분을 받기 때문에 안정성도 보통주보다 크다고 할 수 있다.

학습용어

1. 세무종류 : 국세(직접세, 간접세, 목적세), 지방세(보통세, 목적세)
2. 소득세 : 사업소득자 즉 점주에게 부과
3. 부가가치세 : 간접세
4. 권리 : 광업권, 특허권, 저작권
5. 배당 : 성과급

학습토론

1. 세금의 정의와 종류를 설명하시오.

2. 부가가치세란?

3. 기업의 법인세에 대해 설명하시오.

4. 기업의 배당이란?

5. 우선주에 대해 설명하시오.

제 13 장

분식회계에 대한 이해

1. 분식회계의 정의

'분식(粉飾)'이란 단어는 실제 모습보다 좋게 보이기 위해 얼굴에 분칠을 한다(화장을 한다)는 뜻으로, 분식회계는 결국 회사의 실적을 좋게 보이기 위해 기업이 자산이나 이익을 실제보다 부풀려 재무제표상의 수치를 고의로 조작하는 것을 말하며, 분식결산이라고도 한다.

영어로는 분식이라는 뜻과 비슷한 'window dressing(진열장 장식하기)'을 주로 쓰고, 좀 더 범죄성격이 짙은 것은 'accounting fraud(회계사기)'라고도 표현한다.

기업이 자산이나 이익 등을 크게 부풀리고 부채를 적게 계상함으로써 재무상태나 경영성과, 그리고 재무상태의 변동을 고의로 조작하는 것을 의미한다. 예를 들어 100원어치 재고를 갖고 있는데 1만 원어치로 적고, 주식투자를 해서 손실이 났는데도 원래 산 가격으로 적는 것이다. 이렇게 분식회계를 통해 그 기업의 가치를 실제보다 부풀리고 투자자들은 그 가치를 믿고 투자했다가 손해를 보게 된다.

분식회계가 일어나는 이유는 우선 자금 차입이 쉬워질 뿐만 아니라 금융

비용을 절감할 수 있기 때문이다. 자본시장에서 자금을 차입할 때 매출액이 크고, 순이익이 높으면 우량기업으로 인정되어 차입자금에 대해 지불해야 하는 금리가 낮아진다. 또한 주식시장에서는 반기, 분기 재무제표를 공시할 때, 순이익이 높으면 주가가 그만큼 높게 형성된다. 따라서 자금 차입 비용을 절감하고, 주가를 높이기 위해서 분식회계가 이루어진다.

2. 분식회계를 하는 이유

금융감독원에서 상장기업을 대상으로 조사한 결과 30% 이상의 기업에서 분식회계가 발견되었고 실상은 이보다 더 심각해 정도의 차이는 있겠지만 거의 대부분의 기업이 분식회계를 한다고 볼 수 있다. 분식회계의 심각성을 지적하며, 이는 재무제표를 마음대로 조작할 수 있는 장부쯤으로 생각하는 기업주들의 잘못된 회계관이 제일 큰 문제라고 볼 수 있다.

경영주가 분식회계를 하는 이유는 주로 ① 경영주의 경영성과 과신, ② 주가관리의 목적, ③ 주주의 배당요구, ④ 금융기관의 대출편의, ⑤ 고객에 대한 신뢰성 등을 그럴듯하게 포장(가장)하기 위해서이다. 즉

① 금융기관, 투자자, 채무자에게서 보다 쉽고 낮은 이자율로 자금을 조달하기 위해

② 세금을 줄이기 위해

③ 주가를 조작하기 위해 회사의 이익을 부풀리거나 줄이려는 것을 들 수 있다.

나아가 세금을 회피하거나 비자금 조성을 목적으로 매출을 줄이거나 비용을 실제보다 부풀려 순이익을 줄이는 유혹에 빠지는 경우도 있다.

3. 분식회계 사례

창고에 쌓여 있는 재고의 가치를 과대 계상하거나 허위 매출전표를 끊는

방법, 매출채권의 대손충당금을 고의로 적게 계상하거나 누락시키는 등의 방법이 주로 이용된다.

특히 불황기에 회사의 신용도를 높여 주가를 유지시키고 자금조달을 용이하게 할 수 있어 이러한 분식회계 수법이 자주 이용되지만 주주·채권자들의 판단을 흐려 손해를 끼침은 물론, 탈세와도 관련이 있어 상법 등 관련 법규에서 금지하고 있다.

우리나라에서는 대우그룹 김우중 회장의 41조 원 분식회계 사실이 드러나 재무제표를 믿고 자금을 대출해 준 금융기관과 투자자, 일반 국민들에게 엄청난 손해를 일으켜 사회를 떠들썩하게 한 적이 있다.

대우그룹의 분식회계에는 일반인은 이해하기도 상상하기도 힘든 갖가지 교묘하고 전문적인 수법이 총동원됐다. 이른바 '회계조작의 교과서'로 불리는 대우의 분식회계는 그룹의 회계 전문가들과 내로라하는 수십 명의 공인회계사들이 만든 합작품이다. 특히 27조 원에 달하는 자본을 부풀린 ㈜대우는 천문학적인 금액만큼이나 기발한 분식회계 기법을 사용, 금감원 직원과 검사들이 분식 여부를 가리는 데 애를 먹은 것으로 전해졌다. 우선 ㈜대우는 무역·관리부문에서 정상회계 처리돼 있던 부분에 대해 마이너스(-) 전표를 전산입력하는 방법으로 매출원가, 외환차손, 지급이자 등 수십 개의 계정을 자유자재로 과대·과소 계상, 1997년 한 해 동안 이 방법으로만 무려 4조 원을 부풀렸다.

4. 분식회계 해결방안

분식회계 해결방안에 대한 조세회계 전문가들의 주장은 우선, 회계제도의 개선이다.

이를 위해 정부는 분식회계 및 부실 감사 책임자에 대한 과징금제도를 도입하고, 감사인 선임위원회의 설치를 통한 감사인 선임방법 개선, 기업과 감사인의 유착 방지제도, 회계법인 상호감리제도 도입을 검토해 볼 수 있다.

이에 대해 국세청은 분식회계법인에 대해서는 최우선적으로 세무조사를 실시하고 있다. 특히 기업이 분식회계를 저지른 사실이 확인되면 즉각적으로 검찰에 고발하는 조치도 병행하고 있다.

학습용어

1. 분식회계 : 기업이 고의로 자산이나 이익 등을 크게 부풀리고 부채를 적게 계상함으로써 재무상태나 경영성과, 그리고 재무상태의 변동을 고의로 조작하는 것을 뜻한다.
2. 분식회계 사례 : 대우그룹의 분식회계 참고
3. 분식회계 해결방안 : 회계제도 개선 등

학습토론

1. 분식회계의 이해와 토론?

2. 분식회계 개선방안?

3. 분식회계에 대한 국내외 사례?

제14장 고정자산에 대한 이해

제1절 고정자산

1. 보유자산

기업이 소유하고 있는 유형, 무형의 유가치물을 말한다. 자산은 여러 가지 기준에 따라 분류가 가능하나 회계상으로는 유동자산, 고정자산으로 나뉜다.

기업이 장기적으로 보유하는 자산은 유형고정자산, 무형고정자산, 투자와 기타 자산으로 나누어진다. 유형고정자산은 기업경영을 위해 사용되는 자산으로서 건물, 기계장치 등의 상각자산과 토지 등의 비상각자산이 있으며 무형고형자산은 특허권, 상표권, 지상권, 영업권 등 실질적인 형태를 갖지 않는 경제상의 지위나 법률상의 권리를 말한다. 한편 투자자산은 장기적으로 보유하는 관계회사의 주식이나 투자유가증권 등을 말한다.

2. 고정자산의 취득

1) 고정자산의 취득

기업경영상 비교적 장기에 걸쳐 계속적으로 사용, 소유하는 자산을 말한다. 유형, 무형의 구별에 따라 유형고정자산과 무형고정자산으로 구분한다. 유형고정자산은 구체적 존재형태가 있는 자산으로 영업용 토지, 건물, 비품, 차량 운반구 등이 있으며 무형고정자산은 구체적 존재형태는 없으나 법률상의 권리에 의한 자산이다.

특별히 고정자산을 취득하였을 경우 취득에 소요된 모든 부대비용은 취득원가에 가산한다.

2) 토지 계정

영업용 토지의 취득과 매각을 기입 처리하는 계정이다.

① 영업용 토지를 매입하였을 때에는 매입가액과 취득 시의 일체 비용, 즉 중개인의 수수료, 소유권, 등록세, 정지비, 수도, 전기, 설비 등을 취득가액으로 하여 토지계정의 차변에 기입한다.

② 소유 토지의 일부 또는 전부를 매각 처분하였을 때에는 취득가액대로 이 계정의 대변에 기입하고, 매각액과 취득 원가와의 차액은 고정자산 처분 이익(또는 손실) 계정을 설정하여 처리한다.

3) 건물 계정

영업용 건물, 창고 등을 매입하거나 신축하였을 때 처리하는 계정이다.

① 건물을 매입하였을 때에는 매입가액과 중개인의 수수료, 소유권, 등록세 외에 사용 전에 지출된 수선, 개량비 등을 건물의 취득가액으로 하여 건물 계정의 차변에 기입한다.

② 건물을 처분하였을 때에는 취득가액(가접법)대로 이 계정의 대변에 기입하고 매각액과 미상각 잔액과의 차액은 고정자산 처분 이익(또는 손실) 계정을 설정하여 처리한다.

주의 : 건물을 신축하는 경우 건물이 완공되기 전, 완공될 때까지의 비용 지출은 건설가 계정에 기입하였다가 건물이 완공되면 건물 계정에

대체한다.

4) 비품 차량 운반구 계정

① 비품 계정 : 영업용 책상, 금고, 계산기, 타이프라이터 등을 처리하는 계정이다.

② 비품을 취득하였을 때에는 비품 계정의 차변에 매입가액은 물론, 매입하기까지에 소요된 모든 비용을 원가에 가산한다.

5) 영업권 계정

오랜 시일 영업해 온 결과 사업상 유리한 조건, 사회적 신용, 유리한 위치, 기술의 특색 등으로 인하여 동종의 다른 기업보다 초과 수익력을 가지고 있을 때 이 기업을 양수할 경우 순재산을 초과하여 지급하는 대가를 영업권이라 한다.

6) 특허권, 실용신안권, 의장권 계정

① 특허권 : 일정기간 발명품에 대하여 독점적으로 이용할 수 있는 권리

② 실용신안권 : 물건의 구조와 용도를 전용할 수 있는 권리

③ 의장권 : 미관을 위주로 물품의 형상, 도안 등을 전용할 수 있는 권리(물품에 표현되어 눈으로 보아 미적 감각을 일으키게 하는 디자인이다. 산업적 물품 또는 제품의 독창적이고 장식적인 외관 형상의 보호를 위하여 등록을 통하여 허용된 권리이다.)

7) 광업권, 어업권, 차지권 계정

① 광업권 : 광구에서 광물을 채굴할 수 있는 권리

② 어업권 : 일정한 수역에서 어업을 경영할 수 있는 권리

③ 차지권 : 임차료, 즉 타인의 토지를 사용하여 수익을 얻을 수 있는 권리

참고 : ① 법률상의 권리를 나타내는 무형고정자산 : 특허권, 의장권, 상표권, 광업권, 어업권, 전화 가입권, 전세권 등
② 법률상의 권리와 관계없는 사실상 가치의 무형고정자산 : 영업권

제2절 조합의 이해

1. 조합기업의 회계

2명 이상의 상인이 자본과 노동력을 공동 출자하여 영속적으로 사업을 영위하는 것을 조합이라 한다. 조합회계의 기장법은 개인 상점의 기장방법과 대체로 같으나, 출자관계 및 손익의 배부에 있어서는 다르다.

1) 조합기업의 자본금

두 사람 이상이 출자하여 조합을 만들어 영업하는 경우 조합자본의 증감은 조합원의 성명을 붙인 자본금 계정으로 처리한다.

예 갑 현금 ₩1,000,000을 상품 ₩500,000을 출자하여 영업을 개시한다.

(차) 현금 1,000,000	(대) 갑 자본금 1,000,000
상품 500,000	을 자본금 500,000

2) 조합원의 계정

개인적으로 조합원에 대해서 발생한 일시적인 대차관계는 각 조합원의 이름을 붙인 조합원 계정으로 처리한다.

예 갑 조합원이 현금 ₩100,000을 인출한다.

(차) 갑 조합원 100,000	(대) 현금 100,000

3) 손익의 분배

순손익의 분배는 조합의 계약에 따라 결정하는 것이 원칙이다.

예 당기순이익 90,000을 계상한다.

(차) 손익 90,0000　　　(대) 갑 조합원 60,000
　　　　　　　　　　　　　을 조합원 30,000

제3절 본 · 지점의 회계제도

1. 본 · 지점의 회계제도

본 · 지점의 회계제도는 본점과 지점에 관한 회계로 본 · 지점 상호 간의 거래를 회계 처리하고 본 · 지점 재무제표를 작성하는 것이다.

1) 집중 회계제도

집중 회계제도는 지점을 독립된 회계단위로 보지 않고, 본점의 판매 사무만을 대행하는 대리점으로 보는 제도이다.

지점에서 발생하는 모든 거래의 전표, 증빙서류와 함께 본점에 보고되어 모든 기장을 본점에서 행하게 되는 제도이다.

2) 독립 회계제도

독립 회계제도는 지점을 하나의 회계단위로 보는 회계제도로 지점은 완전 독립된 장부조직을 갖추고 지점 독자적으로 모든 장부를 작성하는 제도이다.

학습용어

1. 무형자산 : 특허권처럼 물리적 실체가 없는 자산
2. 저작권 : 문학이나 예술과 같은 지적재산권
3. 특허권 : 기업이 특허권리를 갖고 있는 특정 기술이나 방식
4. 영업권 : 특정 기업이나 점포를 인수할 때 웃돈을 얹어주는 것(영업할 수 있는 권리비용)
5. 개발비 : 새로운 기술이나 신제품 개발 시에 지출하는 비용

학습토론

1. 조합기업의 회계란?

2. 광업권과 어업권에 대하여 설명하시오.

3. 기업의 본점과 지점의 회계제도를 설명하시오.

4. 영업권이란?

5. 특허권이란?

제 3 부

회계를 알면 경제가 보인다

제15장 주식시장의 이해

제1절 코스피와 코스닥, 나스닥

1. 코스피

코스피는 국내 증권거래소에 상장된 상장기업의 주식시장을 말한다.

코스피지수란 증권거래소에 상장된 상장기업의 주식 변동을 기준시점과 비교시점을 비교하여 작성한 지표로, 코스피시장에 상장된 전 종목을 대상으로 산출된다.

종합주가지수(KOSPI)란 주가에 상장주식수를 가중한 시가총액식 주가지수이다.

우리나라 10대 재벌 모두 코스피에 상장되어 있다.

2. 코스닥

국내 장외등록 주식을 사고파는 시장을 일컫는 말로 미국의 벤처기업을 대상으로 하는 나스닥(NASDAQ)을 본떠 이름 지어졌으며 우리나라 중소기업의 직접금융 조달수단으로 주식장외거래를 활성화시키기 위하여 1996년 5월에 설립된 매매중개회사이다.

현재 코스닥시장은 코스닥증권회사가 전담, 관리하고 있는데 기존 증권시장의 까다로운 상장요건을 구비하지 못한 중소기업에게 자금 조달 기회를 주기 위해 장외에 개설된 시장이다.

1) 코스피와 코스닥의 차이점

KOSPI와 KOSDAQ은 우리나라에서 가장 큰 규모의 주식을 거래하는 시장 중 하나이다.

코스닥시장은 거래소에서 거래하기에는 비교적 규모가 작은 기업들의 주식을 매매하는 시장이다.

보통 코스닥에 투자하는 것이 위험도가 다소 높고 그에 따라 수익도 다소 높을 수 있다.

그래서 코스피시장은 주로 검증되고 매출규모가 큰 기업들이 주를 이루고, 코스닥은 중소기업이 주를 이루게 되는 것이다. 그렇기 때문에 코스피의 상장기준이 훨씬 엄격하고 장외시장인 프리보드 시장은 상대적으로 많이 완화된 규제를 적용받고 있다.

코스피가 대기업이라면 코스닥은 중소기업이라고 할 수 있다.

2) 나스닥의 다우존스지수

1884년 미국의 투자분석가이자 월스트리트저널의 창시자인 다우존스에 의하여 처음 발표된 주가지수이다.

가장 오래된 주가지수 산출방식으로 1884년 7월 3일, 미국의 다우존스에 의해 처음으로 발표된 주가평균이다.

미국의 다우존스사가 뉴욕증권시장에 상장된 우량기업 주식 30개 종목을 표본으로 하여 시장가격을 평균하여 산출하는 세계적인 주가지수이다.

① 나스닥

첨단 벤처기업들이 상장되어 있는 미국의 장외시장이다. 세계 유명기업들은 인텔, 마이크로소프트, 네스케이프, 야후 등 나스닥시장에서 자본을 조달해 성장의 발판을 마련했다.

1971년 2월 8일 첫 거래가 시작된 미국의 장외 주식시장은 세계 각국의 장외 주식시장의 모델이 되고 있는 미국의 특별 주식시장이다. 세계 벤처기업들이 자금조달활동의 기반을 여기에 두고 있다.

3. 프리보드

유가증권시장(코스피)과 코스닥시장에 상장되지 않은 비상장주권의 매매거래를 위해 한국금융투자협회가 개설, 운영하는 증권시장을 말한다.

특징이 주식거래소 퇴출기업 등 소수의 중소기업 위주로 한정됨에 따라 프리보드의 공신력과 역할이 크게 저하되고 있다. 상장요건을 갖추지 못한 기업들이 발행한 주식이나 상장이 폐지된 주식에 대하여 유동성을 부여하기 위해 도입된 장외주식의 호가중개시스템을 말한다.

4. 외환거래

외환거래(forex trading)는 주식거래와 같이 각국 통화(currency)의 상대적인 가격차이(환율)의 등락을 이용하여 외환을 매매함으로써 수익을 얻는 재테크 수단으로 통상 환테크라고 불린다. 즉 우리나라의 통화단위인 원화가 아닌 미국의 달러, 일본의 엔화 등 타국의 통화를 이용한 거래를 말한다.

외환거래는 과거 은행들 간의 거래로만 인식됐으나, 1995년부터 은행 간 거래(interbank dealing)의 파생상품으로 개인들이 참여하는 소매시장이 열렸으며, 최근에는 인터넷 기술의 발달로 개인이 안방에서 국제외환시장에 참여하여 이익을 얻을 수 있기에 이르렀다.

• 외환거래자는 통화를 사고판다.
• 외환거래는 2통화의 비율인 환율의 오르고 내림에 의한 거래이므로 쌍방향으로 오르고 내릴 때 득실을 볼 수 있다.
• 주로 6개의 통화가 가장 많이 거래된다.(EURUSD, USDJPY, GBPUSD, USDCHF, USDCAD, AUDUSD) (EUR : 유럽연합화 즉 유로화 / USD : 미국통화 / GBP : 영국 파운드 / CHF : 스위스 프랑화 / JPY : 일본 엔화)
• 거래에 참여하는 개인과 기관의 숫자는 헤아릴 수 없을 정도로 많으며, 일일 거래대금도 전 세계적으로 약 2조 달러에 이른다.

5. 환율

환율은 화폐 간 교환비율을 의미한다. 환율은 통화를 사고파는 가격이므로 모든 시장에서 가격은 수요와 공급에 따라 결정된다. 즉 환율이란 외환의 가격으로 외화 1단위를 얻기 위해 지불해야 하는 자국통화의 양이며, 한 나라 통화의 대외가치를 나타내는 자국통화와 외국통화의 교환비율을 말한다. 환율은 물가 감안 여부에 따라 명목환율과 실질환율, 외환의 수도(受渡)시기에 따라 현물환율과 선물환율, 환율의 표시방법에 따라 지급환율(자국화 표시법)과 수취환율(외화 표시법)로 나뉜다. 이때 지급환율을 기준으로 1달러가 1,000원에서 1,500원으로 상승하면, 명목환율이 상승했기 때문에 외국화폐를 얻기 위해 더 많은 원화를 지급해야 하고 우리나라 원화의 대외가치가 외국통화에 비해 하락했다는 의미가 되므로, 원화가 평가절하(depreciation)되었다고 한다. 반대로 500원으로 환율이 하락하면 원화의 대외가치가 상승했으므로 평가절상(appreciation)되었다고 말한다.

1) 환율변동 요인

아래의 경우를 가장 주요 요인으로 보고 있다.

① 경제적 요인으로 이자율, 통화량, 물가상승, 국제수지, 경제성장률 등에 의한 환율의 움직임
② 국내/국제의 정치적 정세의 안정과 불안 등의 정치적 요인
③ 환율의 과도한 상승 하락에 따른 시장의 자체적 기술적 요인
④ 중앙은행의 정책요인
⑤ 시장 참가자들의 예측과 기대에 따른 환율 변동

2) 기준환율

장외시장인 은행 간 시장 중에서도 중개회사를 통해 오전 9시~오후 3시에 이뤄진 거래가격을 말한다. 즉 오후 3시에 발표되는 기준환율을 말한다.

제2절 스와프 거래의 이해

1. 스와프 거래

장래의 특정 기간 동안 서로의 부채를 상대방의 상품이나 금융자산(서로 다른 금리와 통화)과 교환하는 거래로, 스와프는 교환이라는 의미를 지니기 때문에 스와프 거래를 '체인지 오버(change over)'라 부르기도 한다. 스와프 거래는 특정 기간 동안 국제 금리 및 환율 변화에 따른 환위험 회피수단으로 활용하기 위해 1980년대 초에 처음 도입된 후, 차입비용 절감과 투자수익의 증대를 위한 목적으로 국제금융시장에서 자산과 부채를 관리하는 가장 중요한 수단으로 널리 이용되고 있다. 21세기 이후 유로달러시장에 조달되는 자금의 2/3 이상이 스와프 거래로 이루어지고 있다.

교환대상이 상품인 경우를 상품스와프(commodity swap)라 하고, 대표적인 거래상품으로는 원유, 벙커C유(油), 곡물 등이 있다. 교환대상이 금융자산인 경우를 금융스와프(financial swap)라 하고, 대표적인 거래상품으로는 외환, 채권 등이 있다. 금융스와프는 다시 부채 또는 자산을 교환거래하는 금리·통화스와프, 현물환거래와 선물환거래를 결합하여 교환거래하는 외환스와프로 대별된다.

1) 금리 · 통화스와프

1년 이상 장기외환시장에서 동일한 통화에 대해 원금교환 없이 서로 금리가 다른 이자채권에 대해 상호 교환하는 금리스와프, 금리는 같지만 결제통화가 다른 당사자 간의 교환거래가 이뤄지는 통화스와프로 분류된다.

2) 외환스와프

1년 이하 단기외환시장에서 외국통화의 현물과 동일한 가격의 선물 교환을 약정하는 거래로, 이러한 형태의 스와프 거래는 수출입기업이 외국환결제은행과 예약한 외환에 대하여 결제기간을 연장할 경우에 주로 이용된다. 예를 들어 A가 B에 대하여 10만 달러의 현물환을 매도함과 동시에 B로부터 같은 금액의 선물환을 매수하는 것과 같은 경우를 말한다.

제3절 호텔기업 스토리의 이해

1. 기업

기업이란 이윤추구를 목적으로 하는 생산경제의 단위체를 말한다. 기업은 기업가의 지배하에 집합된 자본설비 또는 기타의 자원으로 구성된다. 기업은 노동 또는 원자재 등을 구입하고 구입한 원자재를 생산과정을 통하여 가치를 부가시킨 후, 시장에서 이 제품 또는 서비스를 판매하는 것이다. 기업은 다른 경제주체, 예를 들면 가계나 정부와는 달리 이윤을 추구하고 있다는 점이 다르다. 기업은 이것을 구성하고 있는 주체에 따라 그 기업의 형태와 종류가 다르다. 또 기업형태는 기업주체의 단수・복수 여부 및 책임의 종류에 따라 결정된다. 따라서 기업형태는 ① 공기업(국영기업・공영기업), ② 공사합동기업, ③ 사기업(개인기업・집단기업・합명회사・합자회사・익명회사・유한회사・주식회사・협농조합)으로 분류될 수 있나.

2. 기업형태

여기서의 기업형태는 기업활동에 필요한 자금제공자(출자자・소유자)의 구성을 중심으로 기업의 관리・지배 등을 포함하는 측면에서의 검토대상을 말한다. 이 같은 기업형태를 검토하는 접근방법은 다음의 3가지로 나뉜다.

1) 법률형태론

법률이 규정하는 기업의 여러 형태를 분류하고 법적 성격을 밝혀 놓으려고 하는 것을 말한다. 한국 법률에서 규정한 주요한 법률형태는 개인상인(個人商人)・합명회사・합자회사・유한회사・주식회사・익명조합・민법상의 조합 등이다. 법률형태론에서는 출자와 경영의 권리・의무관계가 중심이 된다.

2) 경제형태론

기업이 존립하는 경제적 조건을 해명하려는 것을 말한다. 1912년에 독일의 경제학자 R. 리프만은 저서 『기업형태론(Die Unternehmungsformen)』에서 기업의 소유와 지배(경영)의 관계에서 기업을 개인기업・회사기업(인위적 회사・

자본적 회사)으로 분류한 바 있다. 그 후 기업형태에 관해서는 갖가지 학설이 발표되고 있는데, 평면적 관찰법에 의한 대표적인 분류는 다음과 같다.

① 기업가의 공사에 따라 사기업·공기업·공사합동기업으로 나누고, ② 기업가의 수효에 따라 단독기업과 집단기업으로 나누며, ③ 사업목적에 따라 민사기업과 상사기업으로 나누고, ④ 기업이용자의 자타(自他)에 따라 자기이용기업(협동조합)·타인이용기업(협동조합 이외의 모든 기업)으로 분류하며, ⑤ 이러한 분류들을 종합해서 단독기업·소수집단기업(조합·합자·합병·유한회사)·다수집단기업(주식회사)·준기업(협동조합), 공기업 및 공사합동기업(국영기업·특수회사), 복합기업(카르텔·트러스트) 등으로 분류하기도 한다. 경제형태론의 관심은 출자와 경영의 책임을 실질적으로 해명하는 데 있다.

3) 기업체제적 형태론

법률형태에 크게 구애되지 않고 기업의 내적 성격변화를 발전적으로 파악하여 정도가 낮은 것에서 높은 것으로의 추이 속에서 유형화하려는 것을 말한다. 기업체제적 형태론에 의하면, 사기업이란 인적 사기업(출자자의 소유물) → 자본적 기업(영리제일주의) → 현대적 기업(사회적 성격의 강화)으로 발전하고, 공기업은 순행정경영 : 관영기업(= 전매사업) → 비종속적 공기업(경제적으로만 독립) → 독립공기업(조직적으로도 독립) → 자주적 공기업으로 발전한다는 것이다.

또한 주체적 분류법이라 하여 가계와의 미분리형태, 즉 전기업적 형태, 가계와의 분리형태, 소유자 경영형태, 자본과 관리의 분리형태, 자본적 기업형태, 자본과 경영의 분리형태, 고도발전적 기업형태 등을 주장하는 학자도 있다.

사기업의 발전원리는 자본·출자·소유와 경영의 분리이며, 공기업은 정치·행정·재정과 경영의 분리인데, 사·공기업 모두 경영체라고 하는 자주

성과 사회성을 지닌 제도의 방향으로 움직이고 있다고 하겠다. 기업형태에는 개별기업 외에 기업의 결합형태가 있는데 기업집중 · 기업집단 · 기업계열 등이 이 형태에 속한다.

3. 호텔기업의 특성

호텔기업의 경영전략을 수립하기 위해서는 기업의 의사결정 및 기업경영 성과에 영향을 미치는 외부환경요인에 대한 체계적인 분석이 필요하다.

과거의 호텔은 여행자들에게 숙식의 제공이나 휴양 등 숙박시설의 이용에 기본적인 조건만을 제공하였으나 현대사회에서는 여행자, 사업가, 각종 행사의 참가자 등 여러 목적을 지닌 고객들의 욕구에 부응하기 위하여 각 호텔에서는 다양한 정책 경영이나 서비스방안을 강구하게 되었다. 특히 오늘날의 호텔은 국제회의, 대소 연회 등 각종 모임이 이루어지는 장소를 제공한다는 점에서 공익성이 중요시되고 있다. 또한 세미나, 전시회, 발표회 등 문화행사를 개최함으로써 문화적인 공간과 사교적인 장소를 제공한다.

호텔은 자동화에 한계가 있다. 일반기업은 대개가 상품과 현금의 유동자산으로 구성되어 있지만 호텔은 시설 자체가 하나의 상품으로 취급되기 때문에 고정자산의 투자비율이 높다. 그래서 호텔은 다른 기업에 비해 고정경비를 감수해야 할 과제를 안고 있다. 호텔업은 시설 자체가 상품의 가치를 형성하고 있으며 무형적인 서비스를 제공하는 등의 다른 산업에 비해 매우 독특한 성질을 가지고 있다. 따라서 호텔업이 가지고 있는 특성을 파악해야 호텔경영에서 발생되는 문제점들을 해결해 나갈 수 있다.

1) 영업내용상의 특성

① 인적 서비스의 의존성

② 입지조건에의 의존성

③ 시설의 조기 노후화

④ 상품 판매의 시간적·장소적·양적 제약

2) 재무적 특성

① 초기고정자산에 대한 투자가 높다.

② 고정원가의 지출이 많다.

③ 인건비의 비중이 높다.

3) 기타 특성

① 연중무휴의 영업

② 시장환경에 민감

③ 사회공공성

4) 식음료부문의 특징

① 업장의 다양화

② 조직의 비대화

③ 일반고객에 대한 높은 의존도

④ 수입 매니지먼트에 대한 높은 의존도

⑤ 수입 식료와 음료에 대한 높은 의존도

⑥ 수입 Equipment와 Utensil에 대한 높은 의존도

⑦ 생산방식의 경직성

⑧ 생산지향적인 메뉴관리

⑨ 재고관리의 중요성에 대한 인식의 부족

⑩ 인건비와 식료원가에 대한 높은 비중

⑪ 낮은 관리수준

⑫ 낮은 객단가와 생산성

⑬ 형식적인 평가와 분석

⑭ 높은 감가상각비율

⑮ 높은 순이익

⑯ 비싼 매가

5) 체인호텔 경영의 장점

① 공동구매에 따른 원가절감의 효과

② 전문가 활용의 이점

③ 광범위한 공동촉진

④ 효율적인 예약시스템 이용

⑤ 경영의 합리화 도모

⑥ 기타

6) 체인호텔 경영의 단점

① 독창성의 결여

② 조직관리의 비효율성

③ 경영비용의 부담

④ 경영회사와 소유주의 갈등

⑤ 기타

4. 기업의 언어

기업의 경영활동에는 재무활동과 투자활동 및 영업활동이 있으며, 이러한 경영활동은 기업의 목적을 달성하기 위하여 상호 관련성이 있다. 그 결과 기업의 재산상태의 변화와 경영성과도 달라진다.

기업과 관계가 있는 사람들에게 그들이 이해하기 쉽도록 경영활동의 결과들을 잘 작성하여 보고해야 하며, 기업 재산상태의 변화와 영업활동에 대한 성과들을 기록한 장부들이 기업의 재무보고서이다.

기업이 필요한 자금을 조달하고, 조달된 자금으로 경영활동을 수행하게 되면 재산상태에 변화를 가져오게 된다. 기업의 재무활동과 투자활동이 이루어지면 기업의 재산이나 부채와 같은 재산상태가 변화하게 되고, 이러한 재산상태의 변화를 요약한 재무보고서를 재무상태표라 한다.

기업이 영업활동을 통하여 상품이나 제품을 판매하고, 수익과 비용이 발생하게 되어 이익이 생기게 되며, 이러한 이익과 영업성과에 대해 요약한 보고서를 포괄손익계산서라 한다.

기업이 경영활동을 원활히 수행하기 위해서는 반드시 현금을 필요로 하게 된다. 현금이 들어오고 나가는 것에 관한 정보를 정리한 보고서를 현금흐름표라 한다.

이러한 재무보고서들을 통틀어 재무제표라고 한다. 재무제표에 담긴 회계정보는 기업의 모든 경영활동을 요약하고 있기 때문에 다양한 이해관계자들에게 의사소통을 하기 위한 수단으로 이용되며, 이를 기업의 언어라고 한다.

5. 호텔산업의 개념이해

1) 호텔의 개념 및 중요성

호텔(hotel)의 어원은 라틴어인 호스피탈레(hospitale)로 순례 또는 참배자를 위한 숙소를 의미한다. 이후 '여행자의 숙소 또는 휴식장소, 병자를 치료하고 고아나 노인들을 쉬게 하는 병원'이라는 뜻의 호스피탈(hospital)과 호스텔(hostel)을 거쳐 호텔(hotel)로 바뀌었다. 호텔의 어원을 살펴보면 호텔발전의 전제는 사람들의 이동이라는 것을 알 수 있다. 현대사회는 교통의 발달, 타 지역을 방문하고자 하는 사람들의 욕구 증가, 세계경제 활성화를 위한 비즈니스 등으로 인하여 사람들의 이동은 과거와 비교하여 비약적으로 증가하였다. 따라서 이동을 전제로 한 호텔산업은 나날이 발전하고 있는 상황이다.

2) 호스피탤리티산업

호텔산업은 호스피탤리티산업(hospitality industry)의 한 영역으로, 호스피탤리티산업은 여행산업, 숙박산업, 외식산업, 오락산업의 네 영역으로 구성되어 있다.

우리나라의 「관광진흥법」 제2조에 따르면, 관광사업이란 "관광객을 위하여 운송, 숙박, 음식, 운동, 오락, 휴양 또는 용역을 제공하거나 그 밖에 관광에 딸린 시설을 갖추어 이를 이용하게 하는 업을 말한다."라고 되어 있다. 이러한 정의에 따라 「관광진흥법」 제3조에서는 관광사업의 종류를 크게 여행업, 관광숙박업, 관광객이용시설업, 국제회의업, 카지노업, 유원시설업, 관광편의시설업의 7가지로 분류하고 있다.

따라서 호스피탤리티산업의 분류에서 호텔산업은 숙박업의 한 영역이지만, 「관광진흥법」에 의하면 관광숙박업에 속한 관광사업의 한 분야에 해당되기도 한다.

3) 호텔경영조직의 분류

현대의 인간은 태어나면서부터 조직의 구성원이 되며, 하루도 조직에서 벗어나서 살 수 없다. 이러한 현대조직사회는 인간들에게 독특한 인간성을 요구하고 있다. 조직 중에서 가장 바람직한 조직은 가정이라고 하였다. 즉 화목한 가정조직으로서 서로를 이해하고 사랑하며 어른을 존경하고 손아랫사람을 아껴주는 그러한 조직을 말한다.

조직이란 기업의 경영목적을 달성하기 위하여 각 구성원이 맡은바 직무를 효과적·능률적으로 협동하여 수행할 수 있도록 일정한 원칙에 의해 합리적으로 구성되고 운영되는 것이다.

인적자원의 의존도가 높은 호텔기업에서는 종사원이 제공하는 서비스가 하나의 상품으로써 기업의 경영성과에 큰 영향을 미친다. 따라서 경영진들은 기업종사원들의 경영조직차원의 관리에 대하여 관심을 가져야 한다.

기업의 조직은 기업의 목적 또는 각 조직단위의 목적을 능률적으로 달성하고 성장과 발전을 촉진하는 데 그 목적이 있다. 일반적으로 호텔의 조직은 가장 효과적으로 기업의 목적을 달성할 수 있도록 일의 성질을 명확하게 규정하여 직원들에게 편성하고 책임과 권한을 부여하고 있다. 기업은 상품의 생산, 판매 등의 특수성과 기업의 입지조건, 판매하는 상품의 조직, 건축양식 및 구조, 지배인의 경험과 교육수준, 경영층의 경영능력, 기업의 소유형태 등에 따라 다양한 조직형태를 취할 수 있다.

(1) 기업의 조직형태

① 기본조직 형태 : 라인조직(line organization), 기능식 조직(functional organization)

② 기본형태를 보완하기 위한 조직 : 라인 앤드 스태프 조직(line and staff organization), 위원회조직(committee)

③ 기타 조직의 형태 : 동태적인 환경에 대응하기 위한 조직. 프로젝트 조직(project organization), 매트릭스 조직(matrix organization), 사업부제 조직(divisional organization)

(2) 기업 경영조직의 분류기준

① 직위에 의한 조직

② 기능에 의한 조직

③ 고객과의 접촉여부에 따른 조직

④ 수입발생부문과 지출발생부문에 따른 조직

⑤ 업무책임에 의한 조직

(3) 호텔기업의 부문별 조직

- 관리부문 : 영업기획, 총무, 인사, 시설, 구매, 회계・재무, 판촉, 홍보, 전산
- 객실부문 : 프런트 오피스(front office), 객실정비(housekeeping), 리넨(linen) 및 세탁물 관리 프런트 오피스(front office : 리셉션(reception), 비즈니스 전용층(EFL : Executive Floor), 비즈니스 센터(business center), 컨시어지(concierge), 교환서비스)
- 식음료부문 : 식당관리, 음료관리, 연회(banquet)관리, 조리관리, 원가관리
- 부대사업부문 : 스포츠 건강시설(피트니스센터 : fitness center, 수영장, 테니스장, 골프, 체련장, 에어로빅), 오락・유흥시설(카지노, 나이트클럽 등), 기타 부대시설(면세점, 아케이드, 이・미용실, 서점, 사진관, 기념품점, 화원, 스포츠 숍, 골프 숍, 스낵코너 등)
- 고객관리부문 : 전사적(全社的) 차원에서의 고객관리

호텔기업의 상품은 객실, 식사, 음료, 부대시설 등과 같은 유형적인 서비스와 무형의 인적 서비스로 구성되어 있다. 이 중에서 기업의 인적 서비스에 해당하는 기업의 종사원은 기업에 대한 고객의 인식 및 만족에 직접적인 영향을 미치는 매우 중요한 요소이다. 기업 인적 서비스의 중요성은 기업에 있어서의 경영성패와 직결된다. 기업의 종업원은 제공하는 서비스 상품에 대하여 책임의식을 가지고, 고객반응에 세심한 주의를 기울여 서비스를 제공할 필요가 있다.

기업은 연중무휴로 24시간 운영되는 특성을 가지며, 이를 통해서 매출액을 증대시킬 수 있는 제반여건을 갖추고 있다.

기업은 다른 어느 기업보다도 위생상태가 좋고 안전해야 한다. 기업의 상

품은 청결성이 고객서비스 만족에 중요한 변수로 작용하기 때문이다. 기업종사원은 근무환경을 항상 청결하게 해야 하며, 이러한 조건에서 서비스를 제공하는 종사원들은 자연적으로 근무환경이 훌륭하게 평가되는 조건이 된다.

기업은 오늘날 치열한 경쟁으로 인해 기업의 핵심서비스를 확대하고 있다. 기업의 핵심서비스인 객실은 대체로 차별화가 어렵다. 따라서 경쟁우위를 차지하기 위하여 기업들은 레스토랑, 수영장, 피트니스센터, 나이트클럽 등의 다양한 보조서비스를 확대함으로써 차별화하고 있다. 이외에 고객욕구를 충족시키기 위하여 문화서비스, 회의서비스, 유통서비스, 건강관리서비스, 정보제공서비스, 여가스포츠서비스 등 다양한 기능의 상품을 개발하는 추세이다.

기업회계는 기업의 영업행위에 적용되는 회계의 한 분야로 기업이 회계업무를 진행하는 데 있어 기준이 되는 기업회계의 회계공준과 회계원칙에 따라 업무를 수행하게 된다.

4) 기업회계의 기능

기업에는 다양한 이해관계자들이 있다. 즉 투자자, 경영자와 고객, 기업종사원 등이 그들인데, 이러한 건전한 이해관계자들은 기업의 안전성, 수익성, 확실성 등을 원한다.

기업회계는 각 이해관계자의 요구에 부응하기 위하여 객관적이면서 합리적인 절차에 의해 공정하고 공개적으로 이루어져야 한다.

기업경영과 회계는 이해당사자들의 요구에 부응하기 위해 관리기능, 보전기능 등을 가지게 된다.

관리기능은 주로 경영자의 입장에서 기업의 가치를 수치적, 경영적, 신용적 면에서 관리하는 데 도움이 되도록 필요한 계수적 자료를 제공하는 것을 의미하며, 기업이 채무자로서의 의무사항을 이해하려면 기업경영과 관련된 모든 활동이 기록되어 보존되어야 한다는 것을 의미한다.

학습용어

1. 호스피탈레(hospitale) : 순례 또는 참배자를 위한 숙소를 의미
2. 호텔기업상품 : 객실 식사, 음료, 부대시설 등과 같은 유형적인 서비스와 무형의 인적 서비스로 구성됨
3. 체인호텔 경영의 장점
   ① 공동구매에 따른 원가절감의 효과
   ② 전문가 활용의 이점
   ③ 광범위한 공동촉진
   ④ 효율적인 예약시스템 이용
   ⑤ 경영의 합리화 도모
4. 재무적 특성
   ① 초기고정자산에 대한 투자가 높다.
   ② 고정원가의 지출이 많다.
   ③ 인건비의 비중이 높다.
5. 기타 특성
   ① 코스피가 대기업이라면 코스닥은 중소기업이라고 할 수 있음

학습토론

1. 외환거래에 대해 설명하시오.

2. 스와프 거래란?

3. 코스피와 코스닥에 대하여 설명하시오.

4. 기업의 운영과 특성을 설명하시오.

5. 프리보드란?

제16장 돈의 이해

1. 돈의 정의

돈은 사물의 가치를 나타내며, 상품의 교환을 매개하고, 재산 축적의 대상으로도 사용하는 물건. 예전에는 조가비, 짐승의 가죽, 보석, 옷감, 농산물 따위를 이용하였으나 요즈음은 금, 은, 동 따위의 금속이나 종이를 이용하여 만들며 그 크기나 모양, 액수 따위는 일정한 법률에 의하여 정한다. 아주 오래전에는 필요한 물건을 직접 만들어 쓰거나 다른 사람의 물건과 바꾸어 썼다. 하지만 생활하는 데 불편함이 많아지면서 좀 더 편리하게 물건을 바꿀 방법이 없을까 생각해 낸 것이 바로 '돈'이다. 자본주의의 개념은 이윤추구를 목적으로 하는 사회, 즉 자본이 지배하는 경제체제이다. 이러한 자본주의체제하에서 사는 사람들은 돈을 매우 선호하며, 돈을 최고의 가치로 생각하는 사람이 적지 않다. 또한 대부분의 사람들이 돈을 많이 가진 부자가 되고 싶어 한다. 자본주의체제에서 돈은 거래의 수단이다. 과거 돈이 없던 시절의 물건 대 물건의 거래에서는 서로 간에 상당한 불편함이 따랐기 때문에 '돈'이 생겨났다.

우리는 매일 돈을 벌기 위해 일하고, 다시 그 돈을 어떻게 언제 어디에 쓸지 고민을 한다. 이렇게 돈이란 현대 사회생활에서 빼놓을 수 없는 존재이다.

혹자들은 돈이란 그 사회의 가치척도라고 하며 다른 이들에겐 사회생활의 전부이며 반면에 또 다른 이들은 자기 인생에 그다지 중요하지 않다고 말한다.

돈 개념에 관하여 애프라 벤(Aphra Behn)은 그녀의 희곡에서 "돈은 전 인류가 이해할 수 있는 하나의 언어로 그 의미를 말한다"라고 하였다. 이 말은 곧 돈은 지구상의 모든 인류가 사용하고 있다는 의미와도 상통한다. 그래서 어쩌면 인류의 역사에서 필수불가결한 요소라고도 생각된다.

일단 사전적 의미부터 알아보자면 정확하게 돈은 화폐라고 할 때 그 개념이 더욱 명확해지며 그 정의는 상품교환의 매개물로 가치의 척도, 지불의 방편, 가치의 저장수단 등으로 유통되는 재물이라고 할 수 있다. 사전적 의미에서 재물이라고 하였기에 다시 그것은 꼭 우리가 일상생활에서 늘 접하는 지폐나 동전 등이 아니라 물물교환에서 상품의 가치를 나타내주는 것이라면 어떤 것이던지 이 돈의 범주에 속한다고도 할 수 있겠다. 끝으로 자본주의의 핵심은 바로 돈이다. 많은 사람들은 돈의 정체를 정확하게 분석하지 않고 그냥 감성적으로 좋은 것, 편리한 것, 나쁜 것으로 느낄 뿐이다.

2. 돈(화폐)

우리의 경제생활은 항상 돈과 관련되어 있으며 돈 때문에 빚어지는 우여곡절도 많아서 돈으로 행복을 살 수 있다고 생각하는 사람이 있는가 하면 돈이 불행의 근원이라고까지 생각하는 사람도 있다. 이처럼 돈에 대한 생각은 사람마다 다르지만 돈은 모든 사람들이 중요하게 여기고 있다.

어쨌든 우리는 적건 많건 돈을 매일 사용하고 있다. 지하철을 타고, 점심을 먹고, 휴대폰을 사용하는 것 등에 끊임없이 돈을 사용하며 쓰고 남은 돈을 금융기관에 저축하기도 한다.

또 나라 전체로 보아도 돈은 경제생활의 흐름을 원활하게 해주는 거래의 매개체로서 중요한 역할을 한다. 근로자는 일을 한 대가로 돈을 받고 또 그 돈으로 생활용품을 사거나 교육비 등에 지출하고 저축도 하며 기업은 상품을 판매한 대금으로 원자재를 사들이거나 임금, 세금 등으로 지출하고 투자도 한다.

이렇게 거래에 쓰이는 돈을 화폐라고 부른다. 돈과 화폐는 순수한 우리말과 한자어라는 차이만 있을 뿐 의미가 같다고 보고 보통 혼용하여 사용한다.

3. 돈의 기능

교환경제에서 상품의 교환과 유통을 원활하게 하기 위한 일반적 교환수단 내지 일반적 유통수단을 화폐라 한다. 화폐가 갖는 대표적 기능은 교환의 매개기능, 가치의 척도기능, 가치의 저장기능 등 크게 3가지로 구분할 수 있다.

① 교환의 매개기능

물물교환의 불편함을 없애고 보다 쉽게 물건을 교환할 수 있도록 하는 기능으로 화폐가 처음 세상에 나왔을 때부터 가장 중요하게 여겨졌던 기능이다. 화폐가 있으면 운동화를 사야 하는 만두가게 주인은 만두를 팔아 번 돈으로 신발가게에서 운동화를 살 수 있으며 신발가게 주인은 신발을 팔아 번 돈으로 자기가 원하는 물건을 언제든지 살 수 있다.

② 가치의 척도기능

화폐가 어떤 물건의 가치를 재는 잣대의 기능을 하는 것을 말한다. 즉 각 상품의 경제적 가치는 돈, 즉 화폐의 단위로 표시된다는 뜻이다. 예를 들어 디지털 카메라의 가격을 10만 원, 노트북 컴퓨터의 가격을 100만 원으로 표시하는 경우를 보자. 이 경우 디지털 카메라 1대의 가격을 노트북 컴퓨터 1/10대라고 표시할 수도 있지만 물건 값을 모두 이런 식으로 표시하면 많은 불편이 생긴다. 따라서 돈을 상품의 가치를 나타내고 계산과 회계를 하는 단위로 사용한다. 또 다른 예를 들자면 어떤 사람이 1만 원이라고 말할 때 우리의 머릿속에 참고서 1권이나 음악 CD 1장 등과 같은 여러 경우를 생각해 볼 수 있는 것은 1만 원이란 화폐의 가치를 통해 얻을 수 있는 것들이기 때문이다.

③ 가치의 저장기능

화폐는 가치를 저장하는 수단이 되기도 한다. 시간이 지나더라도 물건을 살 수 있는 능력, 즉 구매력을 보관해 주는 역할을 말한다. 물론 돈만이 유일한 가치의 저장기능을 갖고 있는 것은 아니다. 주식, 채권 등 금융자산이나 귀금속, 건물, 쌀 등 실물자산도 가치를 저장하는 기능이 있다. 농민은 가을에 거둔 쌀을 저장해 두었다가 다음 해에 팔아 생활비, 자녀 학비 등에 사용할 수 있다. 그러나 쌀을 가을에 바로 팔아 돈으로 보관해 두었다가 사용하는 것이 훨씬 편리할 것이다. 쌀을 저장하기 위해서는 창고를 지어야 하는 등 많은 비용을 부담해야 하지만 돈을 보관하는 데는 작은 금고만 있으면 되기 때문이다. 가령 1만 원은 그만한 가격의 물건을 살 수 있는 구매력을 가지고 있으며, 이러한 구매력은 내년에도 그대로 유지된다. 물론 내년에 물건 값이 오른다면 금년에 살 수 있는 양보다 줄어들기는 하겠지만 여전히 상품을 살 수 있는 것이다. 화폐는 이러한 가치 저장기능이 있어 저축의 대상이 될 수 있다.

이러한 화폐의 기능들은 서로 분리되어 있는 것이 아니라 밀접하게 연결되어 있다.

돈이 없다면?

돈은 이처럼 상거래를 매개해 주는 기능을 한다. 돈이 갖는 교환매개기능의 중요성은 돈 없이 물건과 물건을 맞바꾸던 물물교환 경제에서의 거래방식을 비교해 보면 쉽게 이해할 수 있다.

예를 들어 쌀을 가지고 생선과 교환하려 할 경우를 생각해 보자. 우선 이 사람은 쌀을 필요로 하면서 그 대가로 생선을 가진 사람을 찾아야 할 것이다.

두 사람이 운 좋게 만날 수 있다면 쌀과 생선을 교환함으로써 각자 원하는 것을 손에 넣을 수 있지만 현실에서 거래하려는 두 사람의 욕구가 정확히 일치하는 경우는 매우 드물 것이다.

그러나 돈을 매개수단으로 하여 자신이 가지고 있는 물건과 교환한다면 거래 상대방을 찾기 위해 많은 시간과 노력을 들일 필요가 없어지게 된다. 돈의 사용이 탐색비용 등 여러 가지 거래비용을 줄여주기 때문에 사람들은 자기가 가장 저렴하고 질 좋게 생산할 수 있는 재화나 서비스의 생산에 몰두할 수 있게 된다. 그 결과 나라 전체로는 생산량과 소비량이 증가하여 보다 풍요로운 생활을 할 수 있게 된다.

4. 돈의 경제활동

1) **경제활동 : 생활에 필요한 물건을 생산하고, 소비하는 모든 일**

• 생산활동 : 생활에 필요한 물건을 만들거나 사람을 편리하게 해주는 활동. 생산활동에 필요한 여러 가지 것들을 생산요소라고 한다.

(1) 자연에서 자원을 직접 얻는 활동

① 땅을 가꾸어 곡식이나 채소, 과일을 얻는 것

② 땅 속에서 지하자원을 캐내는 것

③ 바다나 강에서 수산물을 잡는 것

(2) 자연자원을 가공하여 새로운 물건을 만드는 것

① 철광석으로 자동차나 철강을 만드는 것

② 채소, 과일, 물고기 등을 이용하여 주스나 통조림을 만드는 것

(3) 사람들을 편리하게 해주는 것

① 차량을 이용해 물건을 나르는 것

② 물건을 파는 것

③ 선생님, 의사, 은행원, 예술가들이 하는 일

④ 연예인들이 사람들을 즐겁게 해주는 일

2) 소비활동

생산된 물건을 구입하여 사용하는 활동

〈생산의 3요소〉

① 토지 : 공장을 지을 땅, 농사지을 땅, 양식장을 만들 하천 등의 자연적인 생산요소

② 노동 : 물건을 만드는 일, 과학자들의 실험 등 생산을 위한 사람들의 노력

③ 자본 : 원료의 구입 등 생산을 위해 사용되는 돈

생산과 소비의 관계 : 생산활동은 주로 기업, 농촌, 어촌, 산촌 등에서 이루어지지만 우리들이 어떤 물건을 가정에서 생산하는 것도 생산활동에 속한다.

생산을 위해서는 필요한 재료를 구입하여 사용해야 하므로 소비가 필수적이다.

그리고 생산에 참여하는 사람들도 의식주 해결을 위해 소비자가 된다.

7. 통화란

우리는 매일 화폐(money)를 사용하면서 살아간다. 일한 대가로 받은 급여로 자신에게 필요한 상품이나 서비스를 구입하고 각종 세금을 납부하는 등

일상의 모든 경제활동이 화폐를 사용함으로써 이루어진다.

그래서 경제학자들은 국민경제에서 화폐의 역할을 흔히 인체의 혈액에, 금융을 혈관에 각각 비유한다. 이는 혈액이 인체의 각 부분을 순환하면서 영양분을 공급하듯이 모든 경제주체들 사이에서 이루어지는 거래를 매개하고 촉진하기 때문이다. 그리고 그 혈액이 막힘없이 정상적으로 순환할 수 있도록 해주는 핏줄의 역할을 금융에 비유한다.

이렇게 거래에 쓰이는 돈을 통화라고 하며 지폐나 동전과 같은 현금통화는 화폐발행권한을 가지고 있는 중앙은행인 한국은행에서 가장 먼저 공급한다.

학습용어

1. 돈이 생긴 이유는 과거에 돈이 없던 시절, 물건 대 물건의 거래에서는 서로 간에 상당한 불편이 따랐기 때문이다.
2. 돈에는 가치척도의 기능이 있다. 각 상품의 경제적 가치는 돈, 즉 화폐의 단위로 표시된다는 뜻이다.
3. 돈은 가치저장 기능도 갖고 있다. 가치저장 기능이란 시간이 지나더라도 물건을 살 수 있는 능력, 즉 구매력을 보관해 주는 역할을 말한다.

학습토론

1. 돈이란?

2. 돈의 가치란?

3. 돈의 가치저장성 기능이란?

4. 통화란?

5. 생산의 3요소란?

제17장 금리의 이해

1. 금리란

빌려준 돈이나 예금 따위에 붙는 이자 또는 그 비율을 말한다.

금리는 돈의 가치이다.

쉽게 이자라고 생각하면 된다.

땅을 빌려주면 지대를 받는다. 노동의 가치는 임금이고, 돈을 투자하면 이자를 받는다.

인플레이션이 발생했다는 것은 현재 돈의 가치가 낮다는 의미이다.

시중의 자금(유동성)이 풍부하다는 이야기가 된다.

그래서 한국은행은 물가상승의 위험이 있을 때 기준금리를 높인다.(한국은행의 목표 : 물가안정)

금리를 높여서 저축을 유도할 수 있고 대출을 줄일 수도 있다. 그렇게 되면 소비 가능한 돈이 줄어든다. 즉 통화량이 줄고 물가가 낮아져서 인플레이션을 막을 수 있다.

2. 기준금리

한국은행의 환매조건부채권 매매, 대기성, 여·수신 등 금융기관 간 거래의 기준이 되는 금리를 의미한다. 이러한 기준금리도 사실상 운용목표치에 해당한다. 실제로 지금 시장에서 거래되는 다양한 금리는 기본적으로 자금의 수요자와 공급자에 의해 결정되기 때문이다.

통상 기준금리는 중앙은행인 한국은행 안에 설치된 금융통화위원회에서 매달 회의를 통해 결정된다. 기준금리가 중요한 이유는 한국은행이 전반적인 경제에 미치는 영향력 때문이다. 한국은행은 채권의 매매, 금융기관의 지급준비율, 재할인율 등의 통화정책을 통해 통화량이나 물가, 나아가 금리까지 영향을 미치기 때문이다. 서민들은 예·적금 특히 대출금리에 민감하니 잘 생각해야 한다.

기준금리에 초점을 맞추면 세상에는 기준금리와 기준금리가 아닌 금리가 있을 뿐이다. 이런 구분도 사실은 의미가 있는데, 기준금리는 정책적으로 정부가 정하는 인위적인 금리이고 다른 금리는 기준금리에 영향을 받으며 시장 논리에 따라 정해지는 금리이기 때문이다.

통화정책: 중앙은행의 통화량 공급에 대한 의사결정으로 이자율이나 통화량의 관리를 통하여 경제활동에 영향을 주려는 정책이다.

기준금리는 정부가 정책적으로 정하는 금리로 통화정책의 일환이다. 즉 통화량을 조절하기 위해 정하는 금리이다.

1) 기준금리 인상의 영향

기준금리 인상을 결정할 때에는 보통 물가인상이 계속되고 주식시장, 부동산 시장이 과열되어 거품 우려가 있을 때이다.

이때 기준금리를 인상함으로써 시중의 통화량을 줄여 물가인상을 억제하고 주식·부동산 시장의 과열을 완화하는 효과를 기대할 수 있다.

좀 더 구체적인 과정을 보면 기준금리 인상은 대략 아래와 같은 경로를 거친다.

기준금리 인상↑ → 단기금리 인상↑ → 국채, 회사채 채권금리 인상↑ → 대출금리 인상↑ → 예금금리 인상↑

대출금리가 인상되니 소비와 투자는 위축될 것이다. 소비 위축은 수요 감소를 의미하므로 물가에 영향을 주어 물가는 하락시키고, 투자 위축은 주식시장이나 부동산시장에서 과열되는 묻지 마 투자 열풍을 잠재울 것이다.

주가 하락과 부동산 경기가 위축되면 투자를 위한 돈이 주식·부동산 시장을 떠나 예전보다 높은 금리를 기대할 수 있는 은행으로 들어갈 것이다. 결국 시중에 유통되는 돈이 줄어들어 물가인상을 억제하고 주식시장과 부동산 시장에서의 거품을 줄이는 효과가 있다.

2) 기준금리 인하의 영향

기준금리 인하는 실업률이 높아지고, 소비위축, 투자위축과 같은 경기 침체기에 보통 결정된다.

말하자면 통화를 풀어 소비와 투자를 촉진하여 실업률을 줄이고 경기를 회복시키기 위해 기준금리를 인하한다.

기준금리가 시중금리에 영향을 주는 과정은 대략 다음과 같다.

기준금리 인하↓ → 단기금리 인하↓ → 국채, 회사채 채권금리 인하↓ → 대출금리 인하↓ → 예금금리 인하↓

대출금리가 인하되니 대출을 받으려는 사람이 늘어날 것이고 동시에 예금

금리는 낮기 때문에 투자를 위한 돈은 주식이나 부동산 시장에서 기회를 찾으려고 할 것이다. 결과적으로 주식·부동산 시장이 다시 활기를 찾을 것이고, 기업은 싼 대출을 받아 투자를 늘릴 것이기 때문에 실업률도 줄어들고, 전체적인 소비도 회복되어 기업은 다시금 투자할 수 있는 활력을 얻게 된다.

지금까지 살펴본 기준금리 인상과 인하의 영향은 적절한 시기에 적절한 조치를 취하여 그 조치가 잘 먹혀들었을 때만 원하는 효과를 발휘할 수 있다.

그러나 물가인상과 경기침체가 동시에 진행되는 스태그플레이션을 겪고 있는 상황이라면 물가인상을 잡기 위해 기준금리를 인상하자니 통화량이 줄어들어 경기침체를 가속화시킬 위험도 있고, 반대로 기준금리를 인하하자니 물가가 더 춤출 수 있는 위험도 있을 수 있다.

또한 스태그플레이션이 아니더라도 기준금리 인상 또는 인하의 적절한 시기를 놓친다면 경기는 더욱 불안정한 국면으로 달릴 수도 있을 것이다.

기준금리와 관련된 정책이 언제나 성공할 것이란 보장은 없는 것이다. 다만 기준금리 인상과 인하의 영향에 대한 배경지식을 알고 있다면 관련 경제기사를 좀 더 쉽게 읽을 수 있고 또 투자에서도 어느 정도는 대비할 수 있는 시각이 생기지 않을까 하여 정리해 보았다.

(1) 한국은행의 공정금리와 은행 대출금리

① 금융시장 : '돈을 빌려주는 거래'가 이뤄지는 곳 ex) 은행, 증권사 등

② 금융시장에서는 누가 어떤 조건으로 돈을 빌려주느냐에 따라 각기 다른 금리가 형성됨

③ 공정금리 : 한국은행이 상업은행 등 금융기관에 돈을 빌려줄 때 적용하는 금리, 여러 가지 금리 수준의 기준역할

④ 대출금리 : 은행이 기업/가계에 자금을 빌려줄 때 적용하는 금리

(2) 단기금리와 장기금리

① 은행이 기업/가계에 돈을 빌려줄 때 적용하는 대출금리 중

☞ 만기가 1년 이내 : 단기금리

☞ 만기가 1년 초과 : 장기금리

② 신용도가 높은 기업에는 은행이 장기대출금리 가운데 가장 낮은 금리인 우대금리(Prime rate) 적용

③ 우대금리는 공정금리와 함께 한 나라의 금리수준을 나타내는 기준금리

④ 중앙은행이 공정금리를 조정하면 은행들 역시 Prime rate를 조정

⑤ 은행 예금금리 : 수시 입출금식 예금의 보통예금금리, 저축예금금리, 거치식 예금인 정기예금금리(만기별)

⑥ 대체로 만기가 길수록 금리가 높으며 시장금리에 연동하여 금리가 결정되는 CD금리, 표지어음 등이 있음

(3) 명목금리와 실질금리

① 명목금리 : 표면상의 수치로 우리가 눈으로 확인할 수 있는 이자율

② 실질금리 : 명목금리에서 물가 상승의 효과를 반영한 이자율

명목이자율 = 실질이자율 + 물가상승률

(4) 공금리와 실세금리

① 공금리 : 금융당국이 금리가 큰 폭으로 변하는 것을 막기 위해 정해놓은 금리, 즉 표면금리, 규제금리

예 한국은행이 시중은행에 돈 빌려줄 때 붙이는 공정금리, 한은이 상업은행을 상대로 어음을 재할인할 때 적용하는 재할인금리

② 실세금리 : 중앙은행이나 정부 금융기관 외의 민간 금융기관이 적용하는 금리

예 일반 기업/가계 예금금리, 대출금리 등

③ 실세금리의 대표격은 3년 만기 회사채의 유통수익률

⇒ 금융투자협회에서 시중실세금리의 기준금리로 지정한 3년 만기 보증보험 보증회사채 유통수익률

④ 회사채는 만기 전에도 사고팔 수 있어 거래과정에서 얻을 수 있는 회사채의 수익률 ⇒ 회사채 유통수익률

⑤ 2000년 이후 채권 유통시장에서 국고채 위주로 거래되는 상황, 국채수익률이 실세금리에 중요한 지표로 부각

(5) 국제기준금리

☞ 국제 간 자금거래에 적용 기준이 되는 금리

① LIBOR(London Inter-Bank Offered Rate)

- 런던 금융시장에 소재하는 일류은행 간 자금거래에 적용되는 대출금리
- 국제금융시장에서 가장 중요한 기준금리(Reference rate)
- 소수점 이하 호가는 32진법 사용
- 영국은행연합회에서 매일 11시 발표
- LIBOR는 차입금리, LIBID는 운용금리, LIMEAN은 중간값

② SIBOR(Singapore Inter-Bank Offered Rate) / BIBOR(Bahrain Inter-Bank Offered Rate)

③ 가산금리(Spread or Added rate)

- 은행이 고객에게 국제 간 대출할 때 상기 언급된 국제기준금리에 일

정률을 가산하여 대출금리 결정

- 가산금리의 단위는 bp(basis point) 1bp = 0.01%p
- 국제금융시장에서 자금 대출 시 국가신용도(위험)가 가장 중요
- 한국의 경우 외평채에는 가산금리가 중요, 외평채 가산금리가 높아지고 있다면 국가신용도가 악화 중인 것

〈외평채 가산금리〉

- 달러화 등 외화가격 변동을 막아 원화 가치를 안정시키기 위해 만든 기금 ⇒ 외국환평형기금
- 이 기금의 재원 조달을 위해 한국정부가 발행한 채권이 외국환평형기금채권(외평채)
- 외평채 가산금리는 채권을 발행할 때 기준금리에 덧붙여진 금리이다.

④ Federal funds rate(연방기금금리)

- 미국 연방정부에서 은행 간에 매매형태로 지불준비자금을 거래할 때 적용하는 단기시장금리
- 미국 내 금리뿐만 아니라 유로달러금리에도 직접적인 영향을 주는 가장 대표적인 단기금리(한국 Call자금과 같이 1일 금리가 대부분)

⑤ T-bill rate

⑥ T-note rate

⑦ T-bond rate

- 미 재무부 발행 단기채 금리
- 전 세계적으로 가장 많이 사용되는 단기금리 중 하나
- 원리금 연체, 부도위험 없음 → 무위험금리
- 금리는 할인율(discount rate)이라 불림

• 13주/26주/52주 만기 발행

• 미 재무부 발행

- 만기 2~10년 이하

- 중기채권 금리

• 정부 지급 보증

• 주로 이표채(6개월) 발행

• 미 재무부 발행

- 만기 10~30년 이하

- 장기채권 금리

• 정부 지급 보증

• 발행 규모가 커서 유동성이 높은 게 특성

• 주로 이표채(6개월) 발행

⑧ Prime rate(우대금리)

미국 금융시장에서 은행들이 신용도가 가장 우수한 거래기업인 우대고객(Prime customer)에게 단기대출할 때 적용하는 금리

• CIRR(Commercial Interest Reference Rate : 참고상업금리)란?

표시통화국가의 국채 수익률에 1%를 가산한 수준

OECD 사무국이 매월 15일 기준으로 고시

• 기준금리란?

대출기간별로 당행이 정하는 금리

• 가산율이란?

차주의 신용도, 대출기간, 기업규모 당행과의 거래관계 등에 따라 추가되

는 금리

• LIBOR란?

런던은행 간 대출금리(고시일 현재 런던국제금융시장의 2영업일 전 오전 11시 LIBOR rate)

• KORIBOR란?

국내 시중은행 간 단기차입평균제시금리(offer rate)

• 고정금리란?

대출 취급 당시의 금리가 대출약정기간 동안 동일하게 적용되는 금리

• 변동금리란?

대출 약정기간 동안 기준이 되는 금리가 변경됨에 따라 변경 적용되는 금리

• 대외여신(보증-대출)프리미엄이란?

외국인 앞 대출기간 2년 이상의 중장기 수출거래 지원의 경우 OECD 수출신용협약에 따라 차주로부터 국가신용등급 및 대출기간에 따라 징수하는 위험수수료

3. 여신 · 수신금리의 뜻

은행의 입장에서 사용하는 용어이다.

• 여신금리 : 고객에게 대출해 줄 때 적용하는 금리(고객의 입장에서는 대출금리)

• 수신금리 : 고객의 예금을 받을 때 적용하는 금리(고객의 입장에서는 예금금리)

4. 일반적 계산방법에 따른 구분

1) 단리

원금에 이자를 한 번만 더하여 계산하는 방법이다.

보통 이자는 연 단위로 계산되는데, 예를 들어 100만 원을 예금하고, 연 5%의 단리라고 한다면 1년 후에 100만 원(원금) + 5만 원(5%) = 105만 원이 되는 것이다.

2) 복리

복리의 신비로운 힘에 대해서 많은 말들이 있을 정도로 중요한 개념이다.

복리는 원금에 이자를 더하고, 그 상태에서 다시 이자가 더해지는 방식이다.

100만 원의 원금을 복리 연 10%로, 3년 만기라고 한다면

100만 원(원금) + 10만 원(1년차 이자) + 11만 원(2년차 이자) + 12만 원(3년차 이자) = 133만 원(천 원 단위 삭제)이 된다.

3) 다른 금리에 영향을 주는 기준이 되는 금리들

① 공정금리

우리나라 중앙은행인 한국은행에서 다른 금융기관들에 돈을 빌려줄 때 적용하게 되는 금리를 뜻한다. 이 금리는 우리나라에서 여러 가지 금리에 대한 기준이 된다.

② 리보금리(LIBOR - London Inter_Bank Offered Rates)

영국 런던의 국제금융시장에서의 은행들 간 단기자금 거래 시의 금리이다.

이 리보금리는 국제금융시장의 기준금리로 활용된다.

따라서 국제적인 자본 유동성 상황을 살펴보는 지표로 활용된다.

4) 은행과 고객 간의 금리

(1) 대출금리

은행이 돈을 빌려줄 때 적용하게 되는 금리이다.

자본의 투자나 기업의 활동에 큰 영향을 주게 된다.

여신금리라고도 하고, 시중금리(시중은행의 대출금리)라고도 한다.

(2) 우대금리

신용도가 높은 고객에게 낮은 금리로 대출을 해줄 때 적용하는 금리이다.

일종의 특별금리라고 생각하면 된다.

(3) 수신금리

고객이 은행에 돈을 예금할 때 적용되는 금리이다.

5) 공적 또는 사적 내용에 따른 금리

(1) 공금리

금융당국에서 금리의 갑작스런 급등을 막기 위해 정해놓은 금리를 뜻한다.

명목금리, 표면금리, 규제금리라고도 한다.

중앙은행인 한국은행의 공정금리가 대표적이다.

(2) 실세금리

민간 금융기관이 적용하는 금리를 의미한다.

일반 가정이나 기업이 시중은행에 예금/대출을 할 때 적용받는 이자율이다.

대출, 수신금리 같은 것들이 여기에 속한다.

5. 물가상승률에 따른 금리

1) 명목금리

물가상승률을 감안하지 않은 금리를 의미한다.

이때 은행에서 제시한 연금리보다 물가상승의 폭이 더 큰 경우, 오히려 마이너스가 되는데 이것을 마이너스 금리라고 한다.

2) 실질금리

명목금리와 다르게 물가상승률을 감안한 금리를 의미한다.

따라서 실질금리는 금리의 실제 가치를 나타낸다.

물가상승률이 반영되므로, 실질적 체감금리의 지표가 된다.

3) 변동 여부에 따른 금리

(1) 고정금리

만기 때까지 금리가 변하지 않고 처음 정해진 대로 적용되는 것이다.

(2) 변동금리

금리가 고정되지 않고 3개월이나 6개월 단위로 변하는 것이다.

(3) 은행 간 금리

은행 간 대출 또는 예금에 적용되는 금리를 가리킨다.

(4) 콜금리

거대자본이 왔다 갔다 하는 은행도 돈이 부족한 경우가 생기는데, 이때 자금의 여유가 있는 은행으로부터 돈을 빌리게 된다. 이때 발생하는 금리를 콜금리라고 한다.

(5) CD금리

좀 더 고차원적인 금리형태인데 CD는 Certificate Deposit의 줄임말이다. 예금증명이라는 뜻인데 정기예금증서라고 보면 된다.

이것은 은행과 상관없이 만기 전에 개인끼리도 팔 수 있다.

6. 기간에 따른 금리

1) 단기금리

상환기간이 1년 미만인 금융상품의 금리이다.

대표적으로 콜금리(1일), CP금리(91일), CD금리(91일)가 있다.

2) 장기금리

상환기간이 1년 이상인 금융상품의 금리이다.

대표적으로 통안채(1년), 회사채(3년), 국고채(5년)가 있다.

장기금리가 단기금리보다 높은데, 이유는 위험성이 더 크기 때문이다.

그 외에도 통장 표면에 찍힌 금리를 뜻하는 표면금리라거나 실제로 지급받는 금리를 의미하는 실효금리 등이 있다.

마지막으로 조금 더 요약해 보자면, 크게 기준금리와 그 외의 모든 금리로 구분할 수 있다.

한국은행에서 정하는 기준금리는 경기 조절을 위해서 정하는 인위적인 금리인 데 반해, 나머지 모든 금리는 시장경제의 원칙인 수요와 공급에 의해 형성되는 금리이다.

그래서 기준금리라는 단어가 나오면 다양한 이슈가 발생하는 것이다.

금리 단위에 대한 상식 하나 정리해 보자.

금리가 5%에서 1% 올랐다고 하면 5.05%가 된다.

금리가 5%에서 5%포인트가 올랐다고 하면 10%가 된다.

여기서 용어의 차이를 살펴봐야 하는데 그냥 %와 %포인트의 차이이다.

금액이 큰 국제시장에서는 bp(basis point) 단위를 쓰는데 이것은 1/100%를 의미한다.

1bp = 0.01%포인트

학습용어

1. 금리란? 빌려준 돈이나 예금 따위에 붙는 이자 또는 그 비율을 말한다.
2. 기준금리는 정책적으로 정부가 정하는 인위적인 금리이고 다른 금리는 기준금리에 영향을 받으며 시장 논리에 따라 정해지는 금리이다.
3. 우대금리란? 신용도가 높은 고객에게 낮은 금리로 대출해 줄 때 적용하는 금리이다.

학습토론

1. 금리에 대해 논하시오.

2. 기준금리란?

3. 우대금리란?

4. 변동금리와 고정금리란?

제18장 은행업무의 이해

1. 은행의 정의

예금을 받아 그 돈을 자금으로 하여 대출, 어음 거래, 증권의 인수 따위를 업무로 하는 금융기관. 크게 중앙은행, 일반은행, 특수은행으로 구분한다.

중앙은행과 상업은행으로 구성되어 있으며, 좁은 의미의 은행을 말할 경우에는 상업은행(우리나라에서는 일반은행)만을 가리킨다.

이러한 은행은 자금 공급자로부터 자금 수요자에게로 자금이 원활하게 이동할 수 있게 할 뿐만 아니라, 중앙은행의 경우에는 은행권(銀行券), 즉 현금통화를 공급하고, 상업은행은 예금통화를 공급한다.

은행의 업무내용 및 기능은 그 시대와 설립목적에 따라 다르기 때문에 일률적으로 규정하기는 어려우나, 은행의 일반화된 기본 기능은 다음과 같다.

① 예금의 수입(수신업무), ② 수입된 예금을 재원으로 한 자금의 공급(여신업무), ③ 예금의 수입과 자금의 공급을 통하여 단기 신용을 장기로 전환시키며, 자금을 효율적으로 배분하는 자금의 중개, ④ 본원적 예금(本源的預金)을 기초로 파생적 예금을 창출하는 신용창조, ⑤ 환업무를 통한 자금결제의 원활화를 들 수 있다.

은행업무에 관한 입법례는 국가에 따라 다르지만, 우리나라는 분업화에 바탕을 둔 상업은행주의를 따르고 있다. 그러나 최근에는 세계적인 추세에 따라 다목적 은행으로 전환하는 경향을 보이고 있다.

현행 우리나라의 은행구조는 중앙은행인 한국은행을 중심으로, 단기상업금융업무를 주요 업무로 하는 일반은행과 특수정책금융을 전담하는 특수은행으로 분류된다.

우리나라의 중앙은행인 한국은행은 「한국은행법」에 의거하여 설립되었으며, 일반은행은 「은행법」에 의거하여 설립되어 동법의 규제를 받는다. 또한 특수은행은 각각의 특별법에 따라 설립되었고, 이 특별법의 규제를 받고 있다.

일반은행에는 시중은행・지방은행・외국은행 등이 포함되며, 주요 업무로는 가계 및 기업 등으로부터 요구불예금 및 저축성예금을 수입, 이를 주요 재원으로 하여 기업 등에 단기 대출을 하는 상업금융업무와 기업의 설비자금 공급을 위한 장기금융업무, 내・외국환업무, 지급보증, 유가증권의 인수・매매 및 대여, 보호예수, 국고 대리업무 등 광범위한 금융업무를 취급하고 있다.

2. 은행의 종류

1) 중앙은행

중앙은행은 각 나라마다 하나씩 있는데, 우리나라의 중앙은행은 바로 한국은행이다. 한국은행은 화폐를 발행할 뿐만 아니라, 통화량 조절을 하기도 한다. 통화량 조절이란 돈이 너무 많이 시중에 풀리면 돈을 거둬들이고, 부족하면 돈을 내보내는 등 나라에서 쓰이는 돈의 양을 조절하는 것을 말한다.

일반은행도 개인이나 기업처럼 한국은행에 돈을 맡기거나 대출을 받기도 한다. 그래서 한국은행을 '은행의 은행'이라고도 한다. 또 한국은행은 정부에서 필요한 돈을 빌려주기도 하고, 나라를 대표해서 외국과의 거래에 필요한 외화를 관리해 주기도 하기 때문에 '정부의 은행'이라고도 한다.

2) 일반은행

예금을 하거나 돈을 찾고 빌릴 때, 또는 세금을 낼 때 우리가 쉽게 이용하는 은행이 대부분 일반은행이다. 일반은행은 사람이나 회사를 대신해서 돈을 보내고, 받고, 내주는 일을 한다.

3) 특수은행

특수은행은 특수한 목적을 위해 만들어진 은행이다. 중소기업의 지원을 위한 중소기업은행, 농민과 어민을 지원하는 농업협동조합과 수산업협동조합, 우리나라의 주요 산업에 돈을 대주는 한국산업은행 등이 있다.

3. 은행에서 하는 일

1) 예금

개인이나 기업으로부터 예금을 받으며, 개인과 기업이 예금하면 이것을 필요한 개인과 기업에 대출해 주고 각종 수수료와 이자를 받는다. 은행은 대출해 준 개인과 기업에게서 받은 이자의 일부를 예금한 사람에게 이자로 준다.

2) 공과금 수납

세금이나 공과금, 등록금 등을 받는다. 각종 세금을 내러 굳이 국세청이나 세무서로 가지 않아도 된다. 아파트 관리비도 마찬가지다. 이처럼 각종 공과금을 은행에서 대신 받아준다.

3) 외환업무

외국의 돈을 우리나라의 돈으로 바꿔준다. 무역을 하는 사업가와 해외관광객은 여행과 무역결재에 필요한 다른 나라의 돈을 은행에서 편리하게 바꿀 수 있다.

이외에 은행은 개인의 귀금속, 보석, 유가증권 등을 보관해 주고, 거래 기업의 경영상태에 대해 상담도 해준다. 또한 신용카드를 발급하고 결재하는 일도 한다.

4. 예금의 종류

은행의 예금 종류에는 보통예금, 정기예금, 정기적금이 있다.

보통예금은 언제든지 돈을 맡길 수 있고, 또 돈이 필요하면 언제든지 찾을 수 있는 것이다. 하지만 이자율이 낮은 단점이 있다.

정기예금은 목돈을 은행에 한꺼번에 맡기고 정해진 기간이 지난 뒤에 찾는 예금이고, 정해진 기간이 지난 뒤에는 약속된 이자를 모두 받을 수 있다. 약속된 기간 동안 은행은 맡긴 돈을 안정적으로 운영할 수 있기 때문에 보통예금보다는 이자가 높은 편이다.

정기적금은 달마다 일정한 금액을 은행에 맡기고 정해진 기간이 지난 뒤에 약속된 이자를 받는 예금이다. 적은 돈이라도 차곡차곡 모으면 목돈이 되는 예금이며, 아마도 정기적금이 일반인이 가장 많이 이용하는 예금일 것이다.

제19장

한국채택 국제회계기준

1. K-IFRS

경제활동이 글로벌화하여 세계를 무대로 활약하는 기업이 증가하고 자금의 거래가 고도로 자유화되면 통일적인 회계기준이 필요하지만 실태는 각국에서 그 국가 독자의 기업회계 원칙을 가지고 「상법」이나 「증권거래법」 등에 규정된 방법으로 보고나 감사가 이루어지고 있기 때문에 통일적인 척도에서의 분석·평가가 불가능하다. 따라서 투자가에게 기업의 정확한 재무내용을 전달하고 세계 기업의 활동성과를 동일한 기준으로 평가할 수 있도록 하는 것이 도입의 취지이다.

FRS는 영국 등 유럽 국가들이 사용 중인 회계기준법으로, 기업의 회계 처리와 재무제표에 대한 국제적 통일성을 높이기 위해 '국제회계기준위원회'가 공표하는 회계기준이다. IFRS는 IASB(International Accounting Standards Board, 국제회계기준위원회)가 제정한 국제회계기준서(Standards) 및 국제회계기준서해석서(interpretations)를 통칭한다. 자본시장의 세계화 추세에 따라 전 세계적으로 단일 기준으로 작성된 신뢰성 있는 재무정보가 요구되어 왔고, 이런 수요에 부응하기 위해 2001년 '국제적으로 통일된 고품질의 회계기준 제정'이라는 목표 아래 감독기구와는 독립적으로 운영되는 국제 회계제정기구인 IASB가 탄생했다. IASB는 현재 EU를 중심으로 위원장 Sir David Tweedie (영국)를 비롯한 주요국(미국, 영국, 프랑스, 호주, 스웨덴, 남아프리카공화국, 일본, 중국, 인도, 브라질) 15명의 위원으로 구성되어 있다. IASB의 전신인 IASC(International Accounting Standards Committee)는 1973년 국제회계기준서인 IAS(International Accounting Standards)를 만들어 공표(권고 성격)했고, 1995년에는 EU의 다국적기업에, 2001년에는 전 세계 기업에게 사용을 권고했다. IASC는 2001년에 명칭을 IASB로 변경했고, 이후 국제회계기준 명칭을 IAS에서 IFRS로 바꾸었다. 2005년부터 EU 상장기업의 연결재무제표에 IFRS 사용이 의무화되었고, 이후 일본(2005년)과 중국(2007년)도 IFRS를 도입했다. 미국도 2014년에 전면 도입했으며, 우리는 IFRS를 2011년에 도입했고 2014년부터는 세계와 같은 회계방식을 사용하고 있다. IFRS는 종속회사가 있는 경우, 연결재무제표를 기본으로 하고 있기 때문에 사업보고서 등 모든 공식 서류가 연결재무제표 중심으로 작성된다.

2. IFRS(International Financial Reporting Standards)

각국별로 재무제표 만드는 방법이 모두 달랐다.

- 국제회계기준(IFRS) : 전 세계 회계언어 통일
- 2002년 초 유럽이 주도권을 가지고 있었음. 미국이 유럽 쪽에 맞췄음
- 2011년도부터 국내 모든 상장기업이 K-IFRS(한국채택 국제회계기준)를 적용하여 공표
- 2013년 유럽 쪽에서 미국 쪽으로 다시 맞춰줌
- 우리나라가 너무 빨리 도입(K-IFRS)하여 2013년도에 다시 정립했음

3. 국제회계기준과 예전 우리나라 기준의 차이점 : 연결재무제표

① 자산기준, 매출액, 이익이 얼마다 할 때 연결기준으로 얼마라고 신문에 나옴

② 다음 그림 중 위의 표 하나만 보여주는 것이 개별재무제표

- 자산규모는 1,200억. 부채비율은 100%

동국상사

1,000억 주식 200억	600억
	600억

100% 지분

종속회사 B

400억	200억
	200억

다음 그림 중 위의 표가 연결재무제표 B사의 항목을 합쳤다.

동국상사

1,000억, <u>주식 200억</u> 400억(B사)	600억 +200억(B사)
	600억

종속회사 B

400억	200억
	200억

• 개별재무제표에서는 A사의 자산이 1,200억, 연결재무제표에서는 1,400억 이다.

• 부채비율은 100%에서 133%로 바뀜. 연결재무제표에서는 자산이 많아지고 부채비율도 높아진다.

따라서 한국형 회계기준(K-IFRS)은 EU에서 발의한 국제회계기준을 우리나라의 현행 법체계에 가장 알맞게 제정한 회계기준으로 국제회계기준과 유사하지만 온전히 같지는 않다. 따라서 차이가 아예 없을 수는 없는데 자국 내에서 모든 걸 해결하는 세상이 아닌, 글로벌 시대로 통칭되는 시대적 경제활동 영역과 글로벌 기업들의 국내시장 진입과 우리나라 기업들의 해외시장 진출에서의 필요성 등 국제회계기준의 채택은 절대 피해갈 수 없는 선택이다. 더욱이 수출이 주를 이루는, 대외무역 의존도가 높은 우리나라의 경우에는 더더욱 필요한 채택이라고 할 수 있다.

4. 회계자격 정보

취업을 위해서 회계분야를 공부한다면, 회계 1급과 세무 2급자격증을 따고, ERP 공부할 것을 추천한다.

자격증을 준비할 때 국가공인자격증인 한국세무사회에서는 K렙이라는 프로그램을 참고하고, 민간자격증인 한국공인회계사회에서는 더존 프로그램을 참고한다.

국제회계기준 채택

이 두 회계사가 원래 한 회사에서 갈라져 나왔기 때문에 프로그램은 이름만 다를 뿐 내용은 비슷하다.

회계 1급에서는 부가세, 세무 2급에서는 부가세와 소득세를 다루게 된다.

세무 1급에서는 법인세와 같은 회사의 중요한 부분을 배우기 때문에 실제로 취업할 때 신입에게는 법인세 부분을 맡기지 않는다. 따라서 경력이 쌓인 뒤에 세무 1급을 공부하는 것이 좋겠다.

ERP 한국생산성본부에서 주관하는 ERP정보관리사 시험으로 1급과 2급이 있는데 1급은 국가공인자격증이고 2급은 마스터 자격증이다.

오히려 면접 때 기업체에서 ERP 몇 급이냐는 질문보다 해봤냐는 질문을 많이 받는다.

ERP에서는 회계뿐만 아니라 인사, 물류, 생산에 관한 내용들을 배우게 된다.

학생이라면 사회교육기관을 통해 수업이 진행되고, 직장인과 실업자라면 국비지원으로 수업이 진행된다.

5. 회계법인 정보 이야기

최고의 브레인 집단 중 하나로 꼽히는 회계법인은 어떤 곳일까? 공인회계사들이 모여 기업의 재무제표가 맞는지 따져보고, 세금문제를 비롯한 경영 전반에 관한 자문도 해준다. 기업에겐 감시자이자 동반자 역할을 한다.

기업 입장에서는 회계법인을 직접 선택한다. 외부 감사를 받거나, 세무와 경영 자문이 필요할 때도 여러 후보를 놓고 고민해 봐야 한다. 어느 회계법인이 일을 잘하는지 알고 싶지만, 주변의 '입소문' 외에는 검증할 방법이 마땅치 않다.

다만 회계법인의 업무능력에 대해 간접적으로 알아볼 방법은 있다. 매년 회계법인들이 금융감독원에 사업보고서를 제출하는데, 분야별 매출액과 공인회계사 수 등 눈에 보이는 수치를 제공한다. 이를 바탕으로 회계법인의 순위를 매겨봤다.

① 매출의 절반은 Big4

2012년 금감원에 사업보고서를 낸 회계법인 135곳 가운데 매출 1위는 삼일회계법인이었다. 삼일회계법인은 2013년 4월부터 1년간 4,774억 원의 매출을 기록하며 독보적인 영향력을 과시했다.

이어 안진회계법인(2,812억 원)과 삼정회계법인(2,670억 원)이 각축을 벌였고, 한영회계법인(1,482억 원)이 4위를 차지했다. 이들 상위 4개 회계법인의 매출은 1조 1,738억 원으로 회계법인 전체 매출(2조 1,438억 원)의 절반을 넘어섰다.

회계와 세무 부분의 매출도 모두 삼일 - 안진 - 삼정 - 한영 순으로 나타났다. 또 다른 업무영역인 컨설팅 부문은 삼일(1,901억 원)에 이어 삼정(1,163억 원), 안진(1,065억 원), 한영(606억 원) 순이었다.

② Top10은 각축전

Big4 회계법인에 이어 매출 5위는 대주회계법인(616억 원), 6위는 삼덕회계법인(403억 원)이었다. 공인회계사 수도 1위부터 6위까지 매출 순위와 일치했다.

이어 한울회계법인(333억 원)과 신한회계법인(291억 원), 이촌회계법인(273억 원), 우리회계법인(229억 원)이 Top10에 이름을 올렸다. 공인회계사 수는 신한 - 한울 - 우리 - 안세회계법인 순으로 7~10위를 형성했다.

세무부문에선 한울회계법인이 140억 원의 매출을 기록하며 5위에 올랐고, 이현회계법인(134억 원), 이촌회계법인(119억 원), 삼덕회계법인(96억 원), 대주회계법인(90억 원), 선진회계법인(78억 원)이 뒤를 이었다.

③ 1인당 매출의 '명암'

공인회계사 인원 대비 매출이 가장 높은 '일당백' 회계법인은 의외의 결과가 나왔다. 전체 매출 45억 원으로 58위에 그친 다인회계법인이 공인회계사

1인당 11억 원의 매출을 올렸다. 그러나 다인회계법인은 2012년 대한전선 계열사의 분식회계를 제대로 감사하지 못해 증권선물위원회의 징계를 받았고, 공인회계사도 대거 이탈하면서 20명에서 4명으로 줄어든 영향이 컸다. 공인회계사 1인당 매출 7억 원대의 미래회계법인도 지난해 25명에서 16명으로 인원이 축소됐다.

공인회계사의 이탈이 없는 정상적 영업환경에서 1인당 매출 3~4억 원 정도면 회계법인 중에서도 상위권에 속했다. 전체 135개 회계법인의 공인회계사 1인당 매출은 2억 6,700만 원이었다. 1인당 매출이 4억 원을 넘는 회계법인은 14곳이있고, 매출 3억 원대 이상 회계법인은 39곳이었다.

대형 회계법인들의 공인회계사 1인당 매출은 2억 원대로 전체 평균을 밑돌았다. Big4 중에서는 한영회계법인이 1인당 2억 5,000만 원으로 가장 높은 매출을 기록했고, 안진(2억 3,300만 원)과 삼정(2억 2,500만 원), 삼일(2억 800만 원) 순으로 집계됐다.

6. 회계법인의 연봉

매년 약 1,000명의 회계가 배출되며 약 60~70% 정도만 회계법인에서 일하게 되고 나머지 30% 정도는 일반 회사로 입사해야 한다.

국내 회계법인은 빅펌(Big Firm)과 로컬법인(Local Firm)으로 구분할 수 있는데, 즉 대기업과 중소기업이라고 생각하면 된다.

빅펌은 삼일회계법인, 삼정회계법인, 안진회계법인, 한영회계법인으로 4대 회계법인이라 한다. 빅펌에 입사할 수 있는 비중은 경제상황에 따라 매년 달라지지만 합격자의 30~40% 정도라고 생각하면 된다.

회계사의 연봉은 연차가 중요하기 때문에 연차별로 연봉을 알아보면, 초봉을 3,600만 원으로 가정했을 때 15년차까지 예상 연봉은 1억 원은 넘는다고 보면 된다.

참고로 대형 회계법인에 취직하여 일하는 회계사들 중 1억 이상의 연봉을 가져가는 사람은 극소수이다.

보통 파트너라 불리는 직책과 바로 밑의 직책 정도가 1억 이상을 가져간다. 파트너는 3억 이상의 소득을 올리는 회계사이고 파트너가 되는 것이 모든 회계사들의 꿈이자 소원인 만큼 파트너가 되기란 하늘의 별따기이다.

분가하여 따로 사무실을 차려서 민간에 회계/세무 서비스를 공급하는 회계사들은 세무사와 비슷하다. 영업력이 수익을 좌우하고 잘되는 사무소는 1억 이상을 벌지만 안 되는 곳은 빚만 진다.

한국에는 빅4라고 하여 한 해 KICPA 합격생의 50% 정도가 입사하고 초봉 3,600만 원부터 시작하여 5년차 정도 되면 5,000만 원 이상이 된다. 이때부터 연봉을 올리는 것은 자기 능력에 달렸다.

빅4에서의 업무는 고되기로 유명하다. 그래서 빅4에서 경력만 쌓고 외국계 금융회사 등으로 이직하는 회계사들도 있다.

회계사의 평균연봉은 연 6,000만 원 정도로 집계되었는데 이는 어디까지나 평균일 뿐, 개인의 능력에 따라 천차만별이다.

7. 회계사가 하는 일

공인회계사는 타인(주로 기업)의 위촉을 받아 회계, 세무, 재무 등 회계에 관한 모든 업무를 담당한다. 그러니까 기업은 회계장부(가정에서 쓰는 가계부라고 보면 된다.)를 적는데 그것을 엉망으로 적거나 부정하게 적으면 국가 경제에 혼란을 끼칠 수 있다. 예를 들면 수익이나 회사 규모를 부풀리기 위해 매출을 크게 잡았다고 거짓말을 하거나 그럴 경우(분식회계라고 한다.) 투자자들에게 막대한 피해를 끼칠 수 있기 때문에 이것을 방지하고, 또 투자자들에게 신뢰를 주기 위해 전문가들에게 회계 감사를 부탁하는데 그 전문가들이 회계사이다. 그래서 회계사를 '자본주의 경제의 파수꾼'이라 부르는 사람도 있는데 이유는 이것이다. 이 회계감사가 이루어지지 않으면 피해를 보는 투자자가 있을 수 있고, 나아가 주식시장이나 국가경제에 엄청난 피해를 끼칠 수 있기 때문이다. 이것이 대표적인 회계사의 일이다. 회계사의 업무 중 가장 큰 비중을 차지하는 것이 바로 이 회계감사이다.

그 외에 회계사가 하는 주요 업무는 경영컨설팅, 세무업무이다. 경영컨설팅 쪽에서는 기업에 조언해 주는 역할을 하는데 주로 기업 가치평가나 매수합병(M&A) 등의 업무를 하는 것이고(그래서 4대 회계법인은 경영컨설팅도 해준다.), 세무업무는 개인이나 기업이 세금을 내야 하는데 이를 대행해 주는 역할이다. 비록 이 세무업무는 세무사가 하지만 회계사도 이런 세무업무를 할 수 있다. 회계감사를 제외하면 회계사는 이 두 가지 일을 주로 한다.

8. 회계사 채용 기준

회계사도 전문직인데 전문직은 모두 시험으로 뽑는다. 회계사도 CPA라는 시험을 통해 합격생들을 선발한다. CPA는 회계학 12학점, 경영학 9학점, 경제학 3학점 이상 등을 이수한 사람이라는 지원자격이 있으며, 또 영어는 대체 시험제도가 있어서 토익, 토플, 텝스 등 공인영어성적으로 대체가 가능하다. 공인영어성적에서 일정 점수 이상이 나와야 하는데 보통 토익을 많이 보며 토익 기준으로 700점 이상이 나와야 한다.

그리고 과목은 1차의 경우 객관식으로 경제원론, 경영학, 상법, 세법개론, 회계학을 보며, 2차는 주관식으로 세법, 재무관리, 회계감사, 원가회계, 재무회계를 본다. 2차까지 모두 합격하면 CPA에 합격해서 수습회계사가 된다.

학습용어

1. 국제회계기준의 도입취지는 세계 기업의 활동성과를 동일한 기준으로 평가할 수 있도록 하는 것이다.
2. 국제회계기준(IFRS) : 전 세계 회계언어가 통일되어 있다.
3. 공인회계사들이 모여 기업의 재무제표가 맞는지 따져보고, 세금문제를 비롯한 경영 전반의 자문도 해준다. 기업에겐 감시자이자 동반자 역할을 한다.

학습토론

1. 국제회계기준이란?

2. 회계사가 하는 일은?

3. 회계사를 채용하는 기준은?

제20장

회계사가 되는 법

제1절 회계사가 되려면

1. 회계사

1) 회계사라는 직업

기업은 재무제표를 발행한다. 재무제표는 기업에서 한 해 동안 벌어들인 수익과 비용, 그리고 현재 가지고 있는 자산과 부채, 자본 등에 대한 정보를 정보이용자들에게 보여주기 위해 자료를 산출해 낸다. 회계사는 이 재무제표가 적정하게 작성된 것인지를 확인하고 검토하는 일을 한다고 보면 될 것이다.

회계사는 회계감사뿐만 아니라 세무업무, 컨설팅 등 다양한 업무를 수행할 수 있다.

〈회계사에 관한 사회적 인지도 및 관련 이미지〉

① 우리나라의 경우 회계사가 의사, 변호사와 같이 모두 전문직종으로 인식됨

② 호주에서는 최고의 직업(회계사)이자 상류층의 직업으로 인식됨

③ 미국 계리사(보험, 증권, 펀드매니저 등)(금융전문가설명)

④ 분식회계(가끔 뉴스에 기업의 부정행위로 대대적으로 보도됨)

2) 회계사가 되려면

회계사를 공부하는 분 중에는 통계학과, 컴퓨터공학과 같은 이과를 전공한 분도 있고, 경영학과나 국문과 같은 문과를 전공한 분도 있다. 하지만 대부분 경영이나 경제 등 경상계열을 전공한 분들이 많다. 대학 전공 수업에서 회계를 배우기 때문이다.

경영은 보통 문과에 속하기 때문에 문과에서 경제수업 같은 걸 받고 오는 게 아주 미약하게나마 도움이 될 수 있다.

회계사가 되기 위해서는 금융감독원에서 시행하는 공인회계사 시험에 합격해야 한다. 공인회계사 시험에 학력제한은 없으나 대학이나 사내대학, 원격대학 등에서 12학점 이상의 회계학 및 세무 관련 과목, 9학점 이상의 경영학 과목, 3학점 이상의 경제학 과목을 이수한 자에 한하여 응시자격을 부여한다. 따라서 대학에서 경영학, 회계학 관련 학과를 전공하는 것이 자격증을 취득하는 데 유리하다. 공인회계사 시험에 합격한 후에는 회계법인, 공인회계사회, 금융감독원 등의 기관에서 실무수습을 받아야 한다.

3) 회계사가 하는 일

① 기업의 살림살이 감시 : 기업에는 많은 사람들의 이해관계가 얽혀 있음

② 근로자나 경영자 이외에 기업의 주식을 보유하고 있는 주주들, 돈을 빌려준 은행들, 원자재를 공급하는 거래처, 기업으로부터 세금을 징수하는 국세청 등은 모두 그 기업의 경영실적에 따라 많은 영향을 받게 됨

4) 회계사는 전문직

① 의사, 변호사처럼 전문직이다.

② 자격증이나 시험을 통해서 얻게 되는 자격이다.

③ 의사나 변호사의 경우 자격증이 없는 사람이 의사처럼 의료행위를 할 수 없는 것처럼 회계사 역시 자격증 없이 회계사라고 할 수 없다.

④ 일종의 고유한 직종이라고 할 수 있다.

의사의 경우 종합병원에 취업하거나 개업을 하고, 사시에 붙으면 변호사가 되어 로펌에 취업하거나 판검사, 또는 개업을 할 수 있는 것처럼 회계사 역시 회계법인에 취업할 수도 있고, 개업을 할 수도 있다.

회계사의 경우, 그 자격증으로 일반 기업 회계팀에서 일할 수도 있다.

2. 회계업무 vs 세무업무

회계학과 세법은 공부내용, 접근방식이 달라서 하나는 적성에 맞아도 다른 하나는 적성에 맞지 않을 수도 있다. 그러나 대부분의 경우 재무회계업무와 세무업무는 동시에 이루어지는 경우가 많다. 회계처리 시 세법에 대한 영향을 고려하지 않을 수 없기 때문이다. 일반회사에서는 순수하게 제조업에서의 원가회계나 기획팀 등에서 사용하는 순수한 관리회계업무를 하지 않는 한 세무업무도 병행하게 마련이다. 회계사의 경우 주로 회계감사나 회계용역을 수행하게 되는데 이때도 세무적인 영향을 전혀 배제하지는 못한다. 세무공무원이 되었을 경우에도 법인세나 부가세 관련 업무를 하게 된다면 재무회계적 지식이 필요하다. 소득세 같은 경우에는 좀 다를 수도 있다.

3. 자격증

회계사는 보통 회계법인에 들어가서 회계감사 및 기타 회계와 관련된 용역업무 등을 수행한다. 그 외에 일반회사, 금융회사, 공기업이나 기관 등에 취업하기도 하고 개업을 하거나 회계법인을 만들기도 하지만 회계업무를 주로 하고 싶거나 취업하고 싶다면 회계사를 공부하는 것이 맞다.

세무사는 보통 세무사 사무실에서 6개월의 연수를 마치면 바로 개업하는 경우가 많다. 그 외에 회계사와 마찬가지로 일반회사, 금융회사, 공기업에 취업하거나 세무법인에 들어가는 경우도 있다. 세무사는 결국 개업에 특화된 자격증이다. 따라서 개업하고 싶다면 세무사를 공부하는 게 낫다.

그 외에 회계사/세무사 자격증을 보유한 채로 공무원시험을 볼 수도 있다. (3~5%의 가산점이 있다.) 공무원이 될 거라면 시너지 효과로 봤을 때 세무사 자격증이 훨씬 좋다.

1) 회계사 준비방법

① 회계사 시험에 합격 후 실무수습을 꼭 받아야 함

② 전망 : 기업의 몸집이 커질수록 회계사의 역할도 커짐

2) 공인회계사란?

타인의 위촉에 의한 회계에 관한 감사, 감정, 증명, 계산, 입안 또는 법인 설립에 관한 회계와 세무대리를 수행하는 사람을 말함

제2절 회계법인 인재중요성의 이해

1. 회계법인 빅4

우리나라 대형 회계법인 우수인재 채용 규모는 2014년 670여 명 정도였다.

회계법인 빅4는 삼일회계, 아진회계, 삼정회계, 한영회계로 이들 회계법인에서 인재 중의 인재 뽑기 전쟁을 하고 있다. 특히 삼일회계 법인은 매년 채용규모가 크다.

공인회계사 합격자 현황과 회계법인 신입채용 규모 (단위 : 명)

채용연도	삼일회계법인	안진회계법인	삼정회계법인	한영회계법인
2013년	170	150	184	120
2014년	170	150	200	150

자료 : 딜로이트 안진회계법인 제공.

회계법인 빅4의 2014년 신입 공인회계사 채용규모는 624명에 달해 최종합격자(904명)의 70.1%를 차지했다. 빅4의 채용규모는 앞으로도 더 늘어날 것으로 보인다.

특히 국내 최대인 삼일회계법인은 신입 공인회계사 모집공고를 내고 우수인재 영입을 위한 발 빠른 움직임을 보이고 있다. 지난해 170명의 신입 공인회계사를 뽑은 삼일은 올해도 작년과 비슷한 규모로 채용할 방침이다.

2. 초봉

이들 회계법인의 신입 공인회계사 초봉은 4,000만 원, 안진 3,850만 원, 삼정 3,800만 원, 한영 3,700만 원 수준인 것으로 알려졌다.

3. IFRS관리사

1) 민간자격증

'IFRS(International Financial Reporting Standards)관리사' 자격시험은 새로운 국제회계기준 업무에 필요한 이론과 실무능력을 (사)한국CFO협회에서 검증하는 자격시험제도이다. IFRS관리사 시험의 기본 목적은 IFRS 전문가를 양성하려는 데 있다.

2) 도입배경

국제회계기준위원회(IASB)에서 기준을 정하여 전 세계가 이 기준에 맞춰가고 있다. 거의 모든 유럽국가를 포함해서 현재 약 110개 국가가 IFRS를 시행하고 있으며, 호주가 2005년 도입했고, 브라질은 2010년, 한국, 캐나다, 인도는 2011년에 도입하였으며, 한국은 거래소 상장기업은 모두 도입 완료하여 현재 IFRS재무제표를 작성하여 공시하고 있다. IFRS는 그동안 국가 간 서로 다른 회계기준을 사용함으로써 발생한 제반 문제점과 회계언어 장벽을 허물어 전 세계가 재무제표를 통일할 수 있도록 했다.

우리나라는 전 세계적으로 IFRS 도입이 아주 빠른 시간에 도입되어 정착된 성공적인 국가로 평가되고 있다.

FRS 도입은 단순한 일부 회계기준의 개정에 그치는 것이 아니라 회계기준 접근방법에 대한 근본적인 사고방식의 변화를 의미한다. 따라서 우리 기업 스스로가 회계처리방법과 절차를 자세히 명시하는 기존의 규칙중심(rule-ased) 방식에서 벗어나 경제적 실질에 기초하여 원칙중심(principle-based)의 합리적 회계처리를 제시하는 IFRS 환경에 적응하기 위한 사고방식의 대전환이 필요하다.

3) 응시대상

① 기업 재무팀, 회계팀 임직원

② 기업 CEO가 되려고 하는 자

③ 금융기관 애널리스트, 펀드매니저

④ 기업가치분석, 재무제표분석, 기업신용분석 담당자

⑤ IFRS업무 담당 공인회계사, 세무사

⑥ 공인회계사 1차시험 준비생

⑦ 세무사 1차시험 준비생

⑧ 감정평가사/관세사 등 각종 회계 관련 자격시험 준비생

⑨ 기업 재무부문 및 회계부문 취업을 준비 중인 학생

⑩ IFRS 관련 업무에 종사하려는 자

따라서 IFRS의 성공적 도입과 정착을 위해서는 우선 기업의 관련부시 임직원 및 회계분야 종사자 및 투자분석가들이 IFRS에 대한 충분한 지식을 습득하여 IFRS 전문가로 탈바꿈되어야 한다. 그동안 유럽의 많은 연구들에서도 IFRS를 숙지하고 있는 회계전문가의 부족을 지적해 왔다. 그들은 이를 위해 기업의 회계담당자, 공인회계사, 일반투자자 등이 IFRS 지식을 습득할 수 있도록 하는 데 정성을 다하고 있다.

한 학생이 회계사에 관해 느낀 점 : 회계사란 직업에 대해 한번도 생각해 본 적이 없었다. 그런데 이렇게 강의를 듣고 보니 회계사가 무슨 일을 하고, 얼마나 중요한 일인지 좀 알 것 같다. 호주에서는 인기 직업이라고 하는데, 우리는 회계가 무엇인지도 모르고 살고 있었다는 생각을 하니, 좀 더 직업에 대한 교육이 필요하다는 생각이 들었다. 직업의 종류가 없어서가 아니라 직업에 대해 모르고 있어서 인기직종에만 사람이 몰리고, 취업문제가 발생하는 것은 아닐까 하는 생각이 들었다.

제21장 원가정보의 중요성

1. 원가의 정의

원가는 특정목적을 달성하기 위해 소멸된 재화로 기업이 수익을 획득하기 위해 특정물품이나 서비스를 구매하거나 제조하는 데 지출되는 금액이다.

1) 원가의 범위

① 제조원가

② 제조원가 + 판매비와 관리비

③ 제조원가 + 판매비와 관리비 + 적정이윤

2) 원가정보의 활용

① 목표설정을 위한 의사결정

② 수익예측을 위한 의사결정

③ 특별주문을 위한 의사결정

3) 원가의 발생형태에 따른 분류

① 재료비구입원가

② 인건비, 직접노동작업

③ 경비제조경비, 판매경비, 재료비, 인건비 이외의 모든 비용

4) 변동비와 고정비

① 변동비 : 생산량이 증가함에 따라 총원가도 증가

② 고정비 : 생산량이 증가하지만 총원가는 일정

2. 원가의 구성

원가는 원래의 가격으로 팔기 위해 내가 물건을 사거나 만드는 데 든 비용이다. 하지만 내가 직접 사용하기 위해 구입한 물건의 구입비용은 원가라고 하지 않는다. 장사의 기본원칙은 싸게 사서 비싸게 파는 것이다. 즉 원가 이상으로 책정한 파는 가격과 원가의 차이만큼을 이익으로 남기는 것이다.

〈원가의 구성도〉

• 직접원가 : 직접재료비, 직접노무비, 직접경비

• 제조원가 : 직접원가 + 제조간접비

※ 공장원가

제조간접비 : 직접원가 + 제조원가 + 판매비 및 일반관리비

※ 매출제품원가

판매가격: 직접원가 + 제조원가 + 판매비 및 일반관리비 + 매출이익

제품을 생산하기 위해 들어간 경제적 가치라 할 수 있다.

그러나 비용은 발생했어도 제품생산과 직접적으로 연관되지 않거나 비정상적으로 발생한 부분은 원가 계산 시 제외한다.

- 생산자 중심
  판매가 = 이윤 + 제조원가

- 시장 중심
  판매가 - 이윤 = 원가
  판매가를 경영자가 아닌 시장이 결정한다.

3. 예산의 이해

1) 예산의 개념

국가나 지방정부의 1회계연도의 세입, 세출 예정 계획서로 숫자로 표현된 정부의 정책이며, 미래의 계획이자 예정된 지출명세서라고 할 수 있다.

예산은 일정기간 동안 국가가 어떠한 정책이나 목적을 위해 얼마만큼 지출하고 이를 위한 재원을 어떻게 해서 조달할 것인가를 금액으로 표시한 것이다. 국가의 재정활동은 예산을 중심으로 이루어진다. 국가의 회계는 일반회계와 특별회계로 구분되므로 예산도 일반회계 예산, 특별회계 예산으로 구분될 수 있다. 그러나 이러한 구분은 회계상 구분에 불과할 뿐 국가예산이란 면에서 동일하므로 그 편성과정, 성립형식, 집행 등의 운영원리가 사실상 동일하다.

또한 기금도 국회의 심의, 의결 및 결산 심사를 받는다는 점에서 기금을 포함하여 광의의 예산으로 말하기도 한다.

2) 예산의 종류

(1) 회계형태에 따른 분류

- 일반회계예산 : 주민의 세금을 재원으로 일반 행정기능의 유지를 위한 기본적이고 기초적인 행정수요에 쓰이는 것으로 정부나 지방자치단체의 예산이라 함은 통상적으로 일반회계예산을 말한다.
- 특별회계예산 : 특정한 목적을 달성하기 위하여 특정한 세입으로 특정한 세출에 충당하는 예산이다.

(2) 경비의 계산방법에 따른 분류

- 총계예산 : 각 회계의 규모를 합산한 것
- 순계예산 : 회계 간 전·출입금 등 중복된 예산을 제외한 것

(3) 예산 성립시기에 따른 분류

- 본예산 : 연간예산으로 맨 처음 편성하여 의회에 제출되는 예산으로 당초예산이라고도 한다.
- 추가경정예산 : 예산 성립 후에 생긴 사유로 인하여 이미 성립된 예산에 변경을 가할 필요가 있을 때 편성하는 예산이다.
- 수정예산 : 예산안을 의회에 제출한 후 의회의 의결 전에 부득이한 사유로 그 내용의 일부를 수정하고자 할 때 제출하는 예산. 의결 후에 예산을 변경하는 추가경정예산과는 의결 전이라는 점에서 구별된다.

(4) 예산불성립 시의 집행에 따른 분류

- 잠정예산 : 새로운 회계연도가 개시될 때까지 예산안이 의결되지 못한 경우 일정기간 동안 예산의 집행을 허용하는 것. 반드시 사전에 의회의 의결을 필요로 한다는 점에서 준예산과 구별된다.

- 가예산 : 새로운 회계연도가 개시될 때까지 예산안이 의결되지 못한 경우 1개월 이내의 예산 집행을 허용하는 것. 1개월분의 집행에 대한 의회의 의결을 필요로 한다. 의회의 의결을 필요로 한다는 점에서 준예산과 구별되고, 최초의 1개월분으로 제한된다는 점에서 잠정예산과 차이가 있다.
- 준예산 : 새로운 회계연도가 개시될 때까지 예산안이 의결되지 못한 경우 전년도 예산에 준하여 지출할 수 있도록 한 것. 의회의 의결을 필요로 하지 않는다.

3) 예산의 일반원칙

(1) 건전재정 운영의 원칙

수지균형의 원칙이라고도 하며, 1회계연도에 있어서 수입총액과 지출총액의 균형이 유지되는 예산을 편성하도록 하는 원칙. 세입 내 세출을 강조하는 원칙으로 적자재정을 원칙적으로 인정하지 않으려는 것이다.

(2) 회계연도 독립의 원칙

각 회계연도의 경비는 당해연도의 세입으로 충당해야 한다.

(3) 예산총계주의 원칙

한 회계연도의 모든 수입을 세입으로 하고 모든 지출을 세출로 해야 하며, 세입과 세출은 모두 예산에 편입해야 한다.

(4) 단일예산주의 원칙

공개성, 명료성과도 관련이 깊다. 요구에 의하여 1회계연도의 예산은 하나만 있어야 한다.

(5) 예산통일의 원칙

수입과 지출의 분류가 통일적, 계통적으로 작성되어 있어야 하며, 예산에는 일관된 질서가 있어야 한다.

(6) 예산 사전의결의 원칙

예산은 회계연도 중 세입, 세출의 계획이므로 회계연도가 개시되기 전에 의회의 의결을 얻어야 한다.

(7) 예산공개의 원칙

민주적이고 능률적인 재정운영과 주민의 이해를 통한 참여와 협조를 위해 예산을 널리 주민에게 공개해야 한다.

- 예산의결 내용의 고시
- 결산결과의 고시
- 재정운영상황의 고시

(8) 목적 외 사용금지의 원칙

세출예산은 편성된 목적대로 집행해야 한다는 원칙. 이 원칙에 대한 예외로 예산이용, 예산전용, 예산이체 등이 있다.

(9) 수익금 직접사용금지 원칙

지방자치단체의 모든 재정활동으로 발생한 모든 수입은 지정된 수납기관에 납부해야 하며, 지출하고자 할 때에는 반드시 세출예산에 계상하여 집행해야 한다.

(10) 성과주의 재정운용 원칙

지방재정을 운영함에 있어 지출성과의 극대화를 위하여 노력해야 한다.

제 22 장

급여 관리의 이해

1. 급여의 개념

급여(給與)의 사전적 의미는 "돈이나 물품 따위를 줌, 또는 그 돈이나 물품"이다. 즉 봉급, 수당, 연금, 기타 근무에 대한 대가를 말한다. 급여가 일정한 근무에 대한 대가라는 의미에서 고용주가 피용자에게 지급하는 대금까지 포함하여 쓰이기도 한다.

통상적으로 보면 무의식적으로 월급, 급여 혹은 봉급이라는 말을 사용하고 있는데 이 세 단어는 참으로 혼동하기 쉬운 말이다.

봉급이란 근로자들이 근로의 대가로 받는 것을 총칭하여 쓰는 말이다. 그러니까 월급도 봉급에 속하기는 하지만 1개월간의 수고비이다. 따라서 1주일의 수고비를 주급이라 하고 하루하루의 품삯을 일급이라 할 수 있다. 이와 같이 근로비를 주는 총칭을 봉급이라고 한다. 또한 급여라는 것은 주로 공무원 아니 정부관리 기업체 직원의 수당, 연금 및 그 밖의 근무에 대한 대가를 지급하는 것이다. 노령연금지급, 의료보험지급, 또한 우수상을 타고 부상으로 받는 것도 일종의 급여이다.

2. 급여의 종류

① 생계급여

- 급여대상 : 의료, 교육, 자활급여 특례자를 제외한 모든 수급자
- 급여의 내용 : 수급자에게 의복, 음식물 및 연료비, 기타 일상생활에 기본적으로 필요한 금품 지급(금전 지급을 원칙으로 함)
- 급여의 기본원칙 : 수급자의 소득인정액과 가구별 최저생계비의 차액을 지원하는 보충급여제를 실시

② 주거급여

- 급여대상 : 시설수급자와 의료, 교육, 자활급여 특례자를 제외한 모든 수급자
- 급여내용 : 주거유형에 관계없이 가구원 수에 따라 일정금액을 차등지급(자가가구인 경우 70% 현금급여, 30% 현물급여)

③ 교육급여

- 급여대상 : 수급자 중 초・중・고등학교에 재학하는 자
- 지원내용 : 입학금, 수업료, 교과서대, 부교재비, 학용품비

④ 장제급여

- 급여대상 : 수급자가 사망한 경우
- 급여내용 : 1구당 500천 원 지급

⑤ 해산급여

- 급여대상 : 수급자가 출산한 경우
- 급여내용 : 1명당 500천 원 지급

• 의료급여 : 「의료급여법」에 정하는 바에 따름

⑥ 자활급여

근로능력이 있는 저소득층이 스스로의 힘으로 자활할 수 있도록 안정된 일자리 제공 및 자활능력 배양

⑦ 실업급여의 종류

실업급여란 근로의 의사와 능력이 있음에도 불구하고 취업하지 못한 상태에 있는 피보험사의 생활에 필요한 급여를 실시하여 근로자의 생활안징과 구직활동을 촉진하기 위한 제도이다.

실업급여는 구직급여와 취업촉진 수당으로 구분되며, 취업촉진 수당의 종류는 조기재취업 수당, 직업능력개발 수당, 광역 구직활동비, 이주비가 있다.

3. 실업급여의 의의

1) 실업급여의 의의

실업급여란 근로의 의사와 능력이 있음에도 불구하고 취업하지 못한 상태에 있는 피보험자의 생활에 필요한 급여를 실시하여 근로자의 생활안정과 구직활동을 촉진하기 위한 제도를 말한다.

실업급여는 구직급여와 취업촉진 수당으로 구분되며, 취업촉진 수당의 종류에는 조기재취업 수당, 직업능력개발 수당, 광역 구직활동비, 이주비가 있다.

실업급여는 실직 전 18개월 중 180일 이상 고용보험에 가입한 근로자가 회사의 도산, 경영상 해고, 권고사직을 당하거나 기타 부득이한 사유로 이직한 경우에만 받을 수 있다.

실업급여는 1일 평균임금의 50% × 소정급여일수에 해당하는 금액이 2주마다 14일치씩 지급된다. 여기서 소정급여일수는 근로자의 연령 및 고용보험가

입기간에 따라 달라진다.

2) 실업급여 수급조건 3가지

실업급여는 정말 한 줄기 빛이다. 일을 못하는 상황에서 최소 3개월 정도 나오는 실업급여는 생명줄이다. 그런데 무조건 일했다고 실업급여를 수급할 수 있는 것이 아니다.

실업급여 수급조건, 그중에서도 중요한 3가지 조건을 만족시켜야만 실업급여를 받을 수 있다. 그럼 실업급여 수급조건 3가지가 어떤 조건을 만족시켜야 하는지 살펴보자.

첫 번째는 일하는 동안 고용보험에 가입되어 있어야 한다. 실업급여 자체가 고용보험에서 나오는 것이기에 혹시 10년을 일하더라도 고용보험에 가입되어 있지 않다면 실업급여를 받는 것은 불가능하다. 그 다음으로 고용보험에 가입된 기간이 180일 이상이어야 한다. 즉 6개월 이상 일한 경우에만 실업급여를 받을 수 있다. 실업급여 수급조건의 마지막은 바로 비자발적인 사유로 회사를 그만둘 때 실업급여를 받을 수 있다는 것이다. 혹시라도 자진퇴사로 보고된다면? 아쉽게도 실업급여 수급조건을 충족시키지 못한 것이다. 실업급여 수급조건 3가지를 잘 체크, 참고하도록 한다.

(1) 퇴직급여

퇴직하는 근로자에게 지급되는 급여. 퇴직연금, 퇴직연금 일시금, 퇴직 일시금, 퇴직수당, 퇴직위로금 따위가 있다.

(2) 퇴직연금

퇴직연금이란 매월 일정액의 퇴직적립금을 외부의 금융기관에 위탁하여 관리·운용하여 퇴직 시 연금으로 받는 제도이다. 기업이 도산하더라도 근로자의 퇴직급여가 보장될 수 있도록 2005년 12월 「근로자퇴직급여보장법」의 시행과 함께 퇴직연금제도가 마련되었다. 각 회사는 노사 합의에 따라 확정급여형퇴직연금(DB)과 확정기여형퇴직연금(DC) 중 택일할 수 있다. 확정급여형(DB)은 근로자가 받을 연금액이 사전에 확정되며 적립금의 일부는 사외에, 일부는 사내에 적립되어 운용되며, 확정기여형(DC)은 근로자가 받을 퇴직급여가 적립금운용실적에 따라 변동되는 것으로 근로자개인별 계좌의 적립금을 근로자가 직접 운용하게 되므로 운용수익에 따라 연금급여액이 달라질 수 있다.

(3) 국민연금

국민연금(國民年金, National Pension Scheme)은 보험의 원리를 도입하여 만든 사회보험의 일종으로 가입자, 사용자 및 국가로부터 일정액의 보험료를 받고 이를 재원으로 하여 노령으로 인한 근로소득 상실을 보전하기 위한 노령연금, 주소득자의 사망에 따른 소득상실을 보전하기 위한 유족연금, 질병 또는 사고로 인한 장기근로능력 상실에 따른 소득상실을 보전하기 위한 장애연금 등을 지급함으로써 국민의 생활안정과 복지증진을 도모하는 사회보장제도의 하나이다.

4. 자산관리의 이해

최근 우리 사회는 이러한 세계경제 흐름의 소용돌이 속에서 저금리, 저출산, 고령화, 인플레이션 등 여러 가지 사회적 이슈들이 부각되고 있다. 이런 상황에서 과거의 재테크 방식으로는 내 재산을 불리고 지키기가 매우 어려워졌다. 새로운 술은 새 부대에 담아야 하는 것처럼 패러다임을 받아들이기 위해 좀 더 넓은 지식과 자세로 무장할 필요가 있다.

따라서 자산관리에 대한 지적 수준을 높이기 위해 각자 노력해야 한다.

1) 어떤 자산을 선택할 것인가

자산관리의 기본적인 목적은 필요한 시기에 사용할 수 있는 충분한 양의 자금을 마련하는 것이다. 이를 위해서는 안정적으로 높은 수익을 올릴 수 있는 투자의 대상을 선택하여 자산을 관리해야 한다. 이는 각 금융자산이 가지고 있는 안전성, 수익성, 유동성을 고려해야 한다는 뜻이다.

자신이 투자한 금융자산의 가치가 안전하게 보호될 수 있다면 안전성이 높다고 말할 수 있다. 수익성은 투자한 금융자산으로부터 얻는 이익을 뜻한다. 어떤 금융상품이 안전하면서 수익성까지 높다면 누구나 그 상품에 투자하려 할 것이다. 그러나 일반적으로 수익성이 높은 금융자산일수록 위험이 크다고 알려져 있다. 따라서 여유자금을 특정한 금융자산에 집중시키지 말고 안전성과 수익성 모두를 고려하여 여러 상품에 분산하여 투자하는 것이 필요하다.

2) 5단계의 프로세스

- 1단계 재무상태 분석하기

현재 재무상태를 파악하고 그에 맞는 전략을 세우기 위한 단계로 지금의 재무상태를 진단하는 일은 자산설계의 출발점이다.

- 2단계 투자성향 파악하기

자신의 투자성향을 파악하고 그에 맞는 투자전략을 세우기 위한 단계로 자신의 투자성향을 알면 투자에 성공할 확률이 높아진다.

- 3단계 성공적인 자산을 위한 맞춤 포트폴리오 만들기

자산관리에 성공하기 위해 반드시 필요한 실행단계로 위험을 줄이고 수익을 높이기 위해 여러 자산에 분산투자하기 위한 절차이다.

• 4단계 라이프 사이클에 따른 나만의 포트폴리오 실행하기

연령대별로 자산관리의 핵심 키워드는 무엇이며, 가장 원하는 재무목표가 무엇인지, 그 재무목표를 달성하기 위해 활용할 수 있는 금융상품에는 어떤 것들이 있는지 객관적으로 평가하여 포트폴리오를 실행하는 단계이다.

• 5단계 포트폴리오 관리 및 재구성하기

투자위험을 체계적으로 관리하기 위한 단계이다.

자산관리는 평생에 걸쳐 이루어지는 것이기 때문에 이와 같은 프로세스를 주기적으로 검토하고 평가한다면 평생 경제적으로 풍요롭게 살 수 있을 것이다.

5. 투자의 이해

1) 투자의 개념

가장 잘 알려진 투자의 정의는 벤자민 그레이엄이 그의 저서에서 밝힌 것으로 "투자는 철저한 조사분석을 통하여 원금과 만족할 만한 수익률의 안전을 보장할 수 있는 행동이며, 이러한 기준에 들어맞지 않는 행동은 모두 투기로 구분된다."이다. 그런데 이 정의는 얼핏 모순되는 이야기처럼 보인다. 가령 주식은 어떠한 경우에도 원금이 보장되지 않는다. 시장 상황에 따라서 주가가 출렁거리기도 하고 간혹 기업이 망하면 막대한 손실을 입기도 하는 것이 주식시장이다. 투자의 종류를 크게 나누면, 민간투자와 정부투자로 나누어지며, 민간투자에는 가계(家計)가 행하는 주택투자, 기업이 행하는 설비투자 · 재고투자가 포함된다.

투자를 통해 얻을 수 있는 수익은 현금흐름 이외에도 자본이득이 있다. 자본이득이라 함은 투자를 통해 얻은 권리를 타인에게 양도하면서 얻는 수익이

다. 흔히 '매매차익'이라고도 하는데, 이는 권리 자체를 넘긴다는 점에서 현금흐름과 대비되는 개념이다.

투자자에게 자본이득은 덤이다. 투자할 때 예측한 대로 현금흐름이 발생한다면 다른 사람에게 이 권리를 더 비싸게 팔지 않더라도 언젠가는 현금흐름으로 투자금을 회수하고 이익을 얻을 수 있다. 그런데 만약 누군가가 투자를 통해 얻은 권리를 더 높은 가격에 사겠다고 하면 미래의 현금흐름을 포기하고 대신에 자본이득을 얻을 수 있다. 즉 투자자는 "누군가가 이 권리를 비싸게 사겠다고 하면 팔면 되고 아니면 계속 보유하면서 현금흐름을 취하면 된다"는 전략을 사용할 수 있다.

반면에 투기를 하는 사람은 자본이득에 초점을 맞추는 사람이다. 이러한 사람들은 기대대로 다른 사람들이 자신이 구입한 가격보다 높은 가격에 권리를 사주면 수익을 낼 수 있지만 만약 그렇지 않다면 원금을 회수할 수가 없다.

이러한 관점에서 보면 투자와 투기를 쉽게 구분할 수 있다.

미술품을 사는 것은 투자일까? 아니면 투기일까?

이러한 행위는 일반적으로는 투기이다. 왜냐하면 미술품은 자체로는 현금흐름을 창출하지 못하기 때문이다. 하지만 만약에 미술품들을 사서 전시관을 만들어 관람료를 받아 원금을 회수할 계산을 하고 있다면 이것은 투자이다.

금을 사는 것은 투자일까? 아니면 투기일까?

이것 역시 자체로는 투기이다. 금은 가만히 두면 아무런 현금흐름을 창출하지 못하기 때문이다. 그러나 만약에 금을 대여해 주고 돈을 받을 수 있는 사업을 구상하고 있다면 이 경우에는 투자가 될 수 있다

일반적으로 부동산은 임대수익이 있기 때문에 투자의 범주에 들어간다. 그러나 부동산 또한 투기의 대상이 될 수도 있다. 가령 어떤 사람이 임야를 사면서 '사두면 언젠가 값이 오르겠지'라고 생각한다면 그것은 투기이다. 그

러나 똑같은 임야를 사면서도 "여기서 나무를 키워서 30년 뒤에 목재로 쓰면 얼마를 벌겠구나. 그러면 투자금 대비해서 이익이군"이라는 계산을 한다면 그것은 투자이다.

결론적으로 어떠한 자본투하가 투자냐 투기냐를 구분하는 것은 "다른 사람에게 되팔지 않고도 투자금을 회수할 수 있는 현실적인 방안을 염두에 두고 있느냐?"의 여부에 의해 결정된다고 할 수 있다.

6. 펀드의 이해

1) 펀드의 개념

일반 투자자로부터 증권투자에 운용할 목적으로 자금 등을 납입받은 위탁자가 그 자금 등을 수탁자로 하여금 당해 위탁자의 운용지시에 따라 특정 유가증권에 투자/운용하고, 그에 따른 수익권을 분할하여 당해 투자자에게 취득시키는 것을 말하며, 증권거래법상 유가증권으로 인정되고 있는 투자신탁의 수익증권을 가리키는 경우가 많다.

투자할 펀드는 고객이 결정하며, 그에 대한 책임은 고객 자신에게 있다.

직접투자는 투자자가 주식이나 채권 등을 직접 골라서 투자하는 것이고, 집합투자는 자산운용회사가 운용하는 펀드에 투자자가 가입하는 것으로 펀드 투자와 같은 의미이다.

펀드에 투자하기 전에 펀드의 특징이나 내용을 잘 확인해야 한다.

① 적은 돈으로도 쉽게 투자할 수 있다

주식이나 채권 등에 직접 투자하려면 목돈이 필요하지만, 펀드는 적은 돈으로도 투자할 수 있다.

② 분산투자로 위험을 줄일 수 있다

펀드는 주식 및 채권 등 여러 종목에 분산하여 투자하기 때문에 집중 투자에 따른 위험을 줄일 수 있다.

③ 자산운용 전문가가 투자를 대신해 준다

주식, 채권 및 부동산 등에 전문지식을 가진 전문인력(펀드매니저)이 투자·운용한다.

2) 투자신탁

투자자로부터 자산에 운용할 목적으로 자금 등을 모아 투자·운용하고, 그에 따른 수익을 당해 투자자에게 취득시키는 것을 목적으로 하는 집합투자기구이다.

3) 투자회사

회사의 재산을 자산에 운용하여 그 수익을 주주에게 배분하는 것을 목적으로 설립된 일종의 Paper Company라고 한다.

4) 투자대상의 비율기준

① 주식형

약관상 주식 최저 편입비율이 60% 이상인 펀드이다.

② 채권형

약관상 채권 최저 편입비율이 60% 이상인 펀드이다.

③ 혼합형

• 주식혼합형 : 약관상 주식 최고 편입비율이 50% 이상인 펀드이다.

• 채권혼합형 : 약관상 주식 최고 편입비율이 50% 미만인 펀드이다.
• 기타 혼합형 : 주식, 채권 이외의 자산(CP 등)에 주로 투자하는 펀드이다.

④ MMF

간접투자재산을 주로 단기금융상품(단기채권, CP, CD, 예금, 콜론 등)에 투자한다.

⑤ 파생형

간접투자재산의 100분의 10을 초과하여 위험회피 외의 목적으로 장내 파생상품 또는 장외 파생상품에 투자한다.

5) 운용전략 및 특성에 따른 구분

① 재간접 펀드

다른 간접투자기구가 발행한 집합투자증권에 50% 이상을 투자한다.

② 종류형 펀드

펀드에 부과되는 보수·수수료의 차이로 인하여 동일 펀드 내에서 기준가격이 다른 여러 종류의 펀드가 있다.

③ 판매보수이연펀드

장기적으로 투자할수록 펀드판매보수가 내려가는 방식이다.

④ 모자형 펀드

다수 개별 子펀드의 재산을 1개 이상의 母펀드에서 통합해 운용하는 형태의 펀드이다.

⑤ System펀드

일반운용 방법과 다르게 펀드매니저에 의한 운용이 아닌 사전에 프로그래밍된 시스템에 의해 유가증권이 매매되는 펀드이다.

학습용어

1. 봉급이란 근로자들이 근로의 대가로 받는 것을 총칭하여 쓰는 말이다.
2. 실업자 급여 : 근로자의 생활안정과 구직활동을 촉진하기 위한 제도이다.
3. 자본이득이라 함은 투자를 통해 얻은 권리를 타인에게 양도하면서 얻는 수익이다.
4. 펀드의 분산투자 : 펀드는 주식 및 채권 등 여러 종목에 분산하여 투자하기 때문에 집중 투자에 따른 위험을 줄일 수 있다.

학습토론

1. 급여란?

2. 실업급여란?

3. 펀드에 대하여 설명하라.

참고문헌

강재구 외(2015), 호텔회계원론, 한올.

고봉상(2004), 벤처기업의 경영성과 결정요인에 관한 실증연구, 아주대학교 대학원 박사학위논문.

교육과학기술부 외(2012), 2012학년도 성취평가제 운영 매뉴얼-특성화고, 마이스터고, 종합고 전문교과용 기업과 경영, 천재교육.

권봉상(2011), 고등학교 회계원리, (주)교학사.

김갑수(2011), 기초부터 시작하는 원가 회계, 에듀멘트로.

김기동・임태종(2014), IFRS 회계원리, 지혜의샘.

김익동 외(2011), 고등학교 회계원리, 천재교육.

김희정(2011), 회계 및 세무 특성화고등학교 교육과정의 개선방향과 모형, 인천대학교 교육대학원 석사학위논문.

박혜경(2007), 우리나라 회계교육의 설계.

백원선(2011), 수익비용대응원칙과 이익의 질, 회계학연구, 36(2) : 101-127.

성백춘(2004), ERP시스템의 내부통제가 조직성과에 미치는 영향에 관한 실증연구, 대구대학교 대학원 박사학위논문.

손평식(2014), 회계정보의 가치관련성과 기업지배구조, 한국거래소.

신정아(2006), 호텔종사원 교육훈련의 전이성과에 관한 연구, 경희대학교 대학원 박사학위논문.

안혜진(2014), 감사 파트너가 회계정보의 비교가능성에 미치는 영향. 서울대학교 대학원 석사학위논문.

윤세남・조경희(2007), 호텔회계정보시스템품질과 회계정보이용자 만족과 가치에 미치는 영향에 관한 연구, 서비스산업연구.

윤종훈(1996), 국내 회계정보시스템의 연구경향 분석, 동국대학교 동국논문집 인문사회과학 편, 제15권 : 319-339.

이애주・김순하(2006), 호텔식당 직원의 교육훈련에 대한 지각이 직무 만족과 조직몰입, 고객 지향성에 미치는 영향, 호텔경영학연구, 제15권 제5호 : 119-135.

이영실(2011), 전문계 고등학교의 회계 관련 교과목 개설에 관한 현황 분석.

이준재・배준호・신홍철(2008), 호텔서비스교육이 내부고객만족과 내부마케팅에 미치는 영향 연구 : 서울시내 특1급 호텔을 중심으로, 관광연구저널.

이하지(2013), 회계정보시스템의 품질요인이 경영성과에 미치는 영향, 한밭대학교 대학원 석사학위논문.

인터넷 구글, 네이버, 다음 등 참고함

임학빈・이지영(2005), 우리나라의 주식시장에서 회계정보 유용성의 변동에 관한 실증연구, 대한회계학회.

전영순・정도진(2009), 국제회계기준 도입에 대한 주가반응, 회계와 감사연구, 49 : 24-282.

조석희(2014), 지급여력비율 수준에 따른 회계정보의 가치관련성에 관한 연구 : 손해보험산 업을 중심으로, 한양대학교 대학원 박사학위논문.

최종서・곽영민・백정한(2010), 코스닥 신규상장 기업의 이익조정과 경영자의 사적이익추구, 회계학연구, 제35권 제3호.

최종애・최웅(2004), 호텔식음료교육이 직무만족과 경영성과에 미치는 영향 : 음료교육을 중심으로, 관광레저연구학회.

한원윤(1999), 조직의 서비스지향성이 기업성과에 미치는 영향에 관한 연구, 서강대학교 대학원 석사학위논문.

한인구(1992), 회계정보시스템 연구에 대한 개관, 회계학연구.

저자약력

강재구

현재 동국대학교 호텔관광경영학부, 호텔회계 교수

경북 안동 출생
안동고등학교
울산대학교 조선해양공학과
동국대학교 호텔관광경영학과
동국대학교 호텔관광경영학 석사
동국대학교 호텔관광경영학 박사

KBS 열린 토론 객원출연(부산)
울산태화강 생태관광협의회 정책자문
울산 MICE산업협의회 자문

저서_

- 체험관광론(2012)
- 호텔회계원론(2015)
- MICE산업의 이해(2015)
- 최신 회계원리의 이해(2016)

논문_

- 자전거 여행탐방의 설득 메시지와 설득원의 효과 및 영향요인(2009)
- 향토음식의 스토리텔링 인지여부가 지각된 가치 및 태도와 행동의도간 관계 연구(2010)
- 안동고택체험에 대한 고택이용자의 지각된 서비스 품질과 만족에 관한 연구(2010)
- 문화의 다양성에 대한, 언론보도에 따른 이슬람음식의 사회적 거리감의 차이(2011)
- 언론보도에 따른 이태원관광특구 이슬람음식의 사회적 거리감(2012)
- 상사와 부하 감성지능이 변혁적 리더십, 팀 긍정정서, 팀 창의성, 팀 효율성 및 팀 성과에 미치는 영향(2013)
- 향토음식 헛제사밥의 경험가치, 태도 및 행동의도에 관한 연구(2014)

최신 회계원리의 이해

2016년 1월 10일 초판 1쇄 인쇄
2016년 1월 15일 초판 1쇄 발행

지은이 강재구
펴낸이 진욱상 · 진성원
펴낸곳 백산출판사
교　정 편집부
본문디자인 오양현
표지디자인 오정은

저자와의 합의하에 인지첩부 생략

등　록 1974년 1월 9일 제1-72호
주　소 경기도 파주시 회동길 370(백산빌딩 3층)
전　화 02-914-1621(代)
팩　스 031-955-9911
이메일 editbsp@naver.com
홈페이지 www.ibaeksan.kr

ISBN 979-11-5763-112-4
값 20,000원